DEMOCRACIAS BAJO FUEGO NARCOTERRORISTA

José Luis Martínez

EDIQUID

DEMOCRACIAS BAJO FUEGO NARCOTERRORISTA
© José Luis Martínez

Editado por: Corporación Ígneo, S.A.C.
para su sello editorial Ediquid
José Olaya 169, Ofic. 504, Miraflores. Lima, Perú
Primera edición, noviembre, 2024

ISBN: 978-612-5184-01-6
Tiraje: 50 ejemplares

Hecho el Depósito Legal en la Biblioteca Nacional del Perú N° 2024-10973
Se terminó de imprimir en noviembre del 2024 en:
ALEPH IMPRESIONES SRL
Jr. Risso Nro. 580 Lince, Lima

www.grupoigneo.com
Correo electrónico: contacto@grupoigneo.com | Teléfono: +51 955 071 270
Facebook: Grupo Ígneo | X: @editorialigneo | Instagram: @grupoigneo

Colección: Pensamiento

Índice de contenido

Prólogo

El tormentoso pasaje del siglo XX al XXI tiene en agenda, quizás como nunca por su complejidad, nuevas amenazas para las democracias y la libertad. Las principales fuentes de agresión e inestabilidad internacionales englobadas bajo el concepto de nuevas amenazas no reconocen fronteras en un mundo cada vez más globalizado, cambiante e hiperconectado. Amenazas híbridas asociadas a actores no estatales, dinámicas transnacionales y empleo de la violencia asimétrica como alternativa a las tradicionales doctrinas se viven a diario en los cuatro puntos cardinales. Las nuevas amenazas no reconocen límites fronterizos y son una combinación que desestabiliza cada vez más la sociedad civil, la gobernabilidad de las democracias y las libertades.

Democracia, dictadura, terrorismo, populismo, crisis económica, autoritarismo, corrupción, crimen transnacional, narcoterrorismo, guerrilla, autocracias, refugiados, exiliados, energía, minería ilegal, antisemitismo, migración, fronteras, diplomacia, geopolítica, religión, derechos humanos, conflictos armados internos, fundamentalismo, tráfico de personas, cibercriminales, drogas, pandillas, desplazados forzados, entre otras palabras, marcan nuestra época no solo a nivel global sino también en nuestra cada vez más violenta región.

El sistema internacional y el escenario mundial se han transformado. Las viejas categorías de análisis o ciertos paradigmas muchas veces impiden ver las complejas realidades, por lo que necesitamos asimilar nuevas miradas despojadas de ortodoxos esquemas. Las denominadas guerras y amenazas asimétricas, híbridas, son los renovados paradigmas a la hora de tomar decisiones, y se han constituido en importantes retos para los Estados democráticos. Su seguridad y defensa enfrentan nuevos desafíos. Los actuales conflictos armados entre diversos actores con grandes diferencias en su capacidad militar, tecnológica y mediática se desarrollan en escenarios nuevos con fronteras difusas, y sobrepasan los límites tradicionales de la acción militar y el derecho internacional humanitario.

La diversidad de análisis y entrevistas recorren parte de estos problemas en la región y el mundo, donde los actores y la violencia se han incrementado. Estas crónicas periodísticas dan cuenta de hechos y antecedentes necesarios de algunos de estos complejos asuntos transnacionales para comprender el presente y un futuro cada vez más incierto. Estos artículos tienen la riqueza de la información, el análisis y las propuestas ante algunos relatos maniqueos construidos de forma deliberada para esconder hechos o dar una mirada interesada y parcial a los sucesos que nos llevaron a los conflictos que hoy se arrastran desde el pasado siglo.

Los viejos retos y amenazas no resueltos nos persiguen y son la consecuencia de nuestra cambiante realidad. Es necesario mirar el pasado reciente y tener en cuenta los antecedentes que nos llevaron a esta conflictiva realidad con disímiles actores, viejos y nuevos. Es ineludible entender el porqué del presente cada vez más complejo y ofrecer respuestas para construir un futuro en libertad y con sociedades democráticas plenas, no recortadas o frágiles.

Es hora de desterrar relatos de populistas, autócratas y dictadores que se enquistaron y que aún hoy se atrincheran en el poder, manteniendo oculta la realidad tras ortodoxas ideologías que fracasaron política y económicamente. Son los mismos que

intentan exportar modelos mientras mantienen alianzas con actores narcoterroristas, al tiempo que cercenan los derechos de la
sociedad. La democracia, la libertad y las instituciones republi-
canas, al igual que la seguridad, son pilares esenciales para la paz
y la prosperidad de nuestras castigadas sociedades.

Las alianzas narcoterroristas

El mundo del narcotráfico sigue evolucionando para convertirse en un gran entramado criminal transfronterizo con un catálogo de delitos que van desde el tráfico de estupefacientes hasta los asesinatos colectivos, pasando por la extorsión, la trata de personas, el robo, los secuestros, la piratería, la corrupción, la minería ilegal, el asesinato de cargos públicos, el control de territorios donde el Estado no llega, entre otros flagelos. Para el general Rosso José Serrano Cadena, exdirector de la Policía Nacional de Colombia, el objetivo esencial del narcoterrorismo transnacional era «el control del Estado y de la sociedad», según alertaba en 2010.

Edgardo Buscaglia, investigador de la Universidad de Stanford de Estados Unidos, señalaba que en México hay territorios dominados «por diferentes grupos y eso hace que la violencia aumente. Hay un problema de fragmentación política del Estado, estamos marchando hacia un Estado fallido y la única solución es implementar la Convención de Palermo: atacar la estructura financiera de los cárteles, combatir la corrupción, generar opciones para que la población no ingrese al narcotráfico y tener una represión inteligente con detenidos a los que se les dé sentencia condenatoria, y no como ahora que solo el 1,8 % de los detenidos la tiene», según explicaba en una entrevista en el diario *El Universal*.

Buscaglia, que en sus análisis apelaba constantemente a la necesidad de un Estado fuerte como única forma de defender los principios constitucionales y democráticos de México, es uno de los expertos que denunciaba el grave riesgo de que el narcotráfico mexicano se convierta en una macroorganización o multinacional delictiva dedicada a los más diversos crímenes. Los cárteles mexicanos, explicaba Buscaglia, «han tomado ejemplos importantes de otros grupos terroristas y criminales, en donde han encontrado especialistas en cometer diferentes tipos de delitos.

Entre las alianzas con grupos terroristas se encuentra la organización separatista ETA, de España, en términos de apoyo logístico». Hoy el grupo terrorista se convirtió en el partido izquierdista vasco EH Bildu y apoya al presidente de España, el socialista Pedro Sánchez. La organización terrorista que cometió 3500 atentados, que dejaron 864 muertos y 7000 víctimas, la mayoría en democracia, trabajó con otras organizaciones terroristas de Latinoamérica, escenario en donde muchos de sus miembros operaron y vivieron.

En 2010, informes de inteligencia divulgados también reportaban las diversas etapas de actividad de las Fuerzas Armadas Revolucionarias de Colombia (FARC) en México, hasta llegar a la puesta en marcha de un movimiento beligerante en abril de 2009. Su nombre era Movimiento Libertador del Sur (MLS). Esta agrupación presuntamente era encabezada por el mexicano Antonio Pavel Blanco, líder del Partido de los Comunistas y del núcleo de apoyo de las FARC en México, grupo que en 2008 estuvo presente en el campamento guerrillero que Raúl Reyes, entonces líder de las FARC, tenía en Ecuador.

«Nosotros, como organización, mantenemos no solo una relación con las FARC, sino también demandamos que su propuesta de canje humanitario se desarrolle y apoye tanto para las FARC como para el Ejército de Liberación Nacional (ELN)», reconocía el comunista Pavel Blanco en el diario *El Universal*.

Felipe Urbiola Ledezma, representante del Instituto Nacional de Migración mexicano, sostenía que en su país se «observa un flujo migratorio inusual de personas ligadas a organizaciones terroristas como ETA, las FARC o, incluso, la fundamentalista libanesa Hezbolá. Además, también tenemos en el país un gran número de delincuentes ligados a bandas criminales de Europa del Este y Rusia».

La relación entre la nacionalista e izquierdista ETA y los cárteles mexicanos se habría ido forjando a través de los guerrilleros de las FARC. El gobierno y la policía colombiana denunciaban ese año reiteradamente que los jefes de los cárteles mexicanos de la cocaína trabajan en estrecha cooperación con la guerrilla, que les venden o «prestan» toneladas de la droga cuando los narcos se quedan desabastecidos.

El entonces comandante de la policía antinarcóticos de Colombia, César Pinzón, explicaba que «los nexos se establecen cuando columnas de las FARC entregan droga a narcotraficantes colombianos que, a su vez, trabajan en alianza con capos mexicanos que envían la mercancía a Estados Unidos. Entre ellos se ayudan para cumplir con los embarques para México. Eso ha ocurrido. ¿Por qué? Porque las FARC son el gran cártel que controla los laboratorios en la selva y maneja las rutas de salida de la droga en el país», afirmaba el jefe policial.

La relación entre las organizaciones terroristas ETA y las FARC fue puesta de relieve en esos años por el juez Eloy Velasco de la Audiencia Nacional de España, quien procesó a seis etarras y a siete miembros de las FARC por distintos delitos de terrorismo, tenencia de explosivos y conspiración para cometer homicidios. El juez relata cómo en 2007 dos terroristas de ETA impartieron un curso sobre manejo de explosivos a varios miembros de las FARC.

La ETA, desde finales de los años ochenta, ha sido ligada en numerosas ocasiones al tráfico de drogas internacional. El escritor español Florencio Domínguez, autor del libro *Las conexiones de ETA en América*, aseguraba que hay células etarras en Venezuela y afirmaba que su vinculación con el país del fallecido socialista Hugo Chávez es «histórica», y recordaba que las primeras colaboraciones con las FARC datan de 1959, en coincidencia con el triunfo de la revolución de Fidel Castro en Cuba. La Habana fue sede de entrenamiento de todas las guerrillas izquierdistas de América Latina y de otros países.

Además, la dictadura colaboró con su financiamiento para exportar el modelo comunista en la región, convergiendo para ello con organizaciones narcoterroristas de varias partes del mundo. La dictadura venezolana, al igual que la sandinista, sigue contando con el apoyo de la dictadura de los Castro. Agentes del G2, la inteligencia cubana, trabajan junto a Caracas y Managua para reprimir a opositores y sostener las dictaduras. También camuflados como médicos operan en otros países. Además, el grupo represor cubano de fuerzas especiales «avispas negras» ha desembarcado en varias capitales para ayudar a regímenes amigos.

El investigador recordaba también cómo miembros de ETA han entrenado con las FARC en Colombia o combatido con la guerrilla salvadoreña del izquierdista Frente Farabundo Martí para la Liberación Nacional (FMLN), además de realizar secuestros con el chileno MIR (Movimiento de Izquierda Revolucionaria), entre ellos el del empresario Emiliano Revilla. El investigador advierte que esas conexiones son más estrechas de lo que nos pudiera parecer. Por ejemplo, las FARC saludaron en lengua euskera en algunos de sus comunicados: «Golpear hasta ganar, muchas luchas populares armadas».

«Que los grupos terroristas se ayuden entre ellos no es una novedad y ocurre al menos desde los años 60 y 70, cuando el fenómeno terrorista alcanzó dimensiones mundiales (guerrillas iberoamericanas, terrorismo palestino y árabe, grupos terroristas y separatistas europeos). En la actualidad, en América Latina ocurre algo similar: la guerrilla más vieja del continente, las FARC, ha logrado crear una amplia red de contactos y alianzas que van más allá de Colombia y que trascienden la región e incluso saltan el Atlántico», afirmaba en 2010 Rogelio Núñez, doctor en Historia de Iberoamérica y miembro del Observatorio de Seguridad y Defensa de América Latina.

El escritor italiano Roberto Saviano, uno de los grandes expertos mundiales en las redes internacionales de tráfico de drogas, afirmaba que le constaba «que los etarras están comprando coca a los narcos colombianos, que la están transportando a Portugal y que de ahí la están llevando al País Vasco».

Según Phil Williams y Ernesto Savona, autores de una investigación sobre los problemas y peligros transnacionales que plantea el crimen organizado en diversas regiones del mundo, existe evidencia de que este usa tácticas de los terroristas contra el Estado, lo cual tiene como fin interrumpir investigaciones en curso, impedir la introducción o que se mantengan políticas públicas fuertes contra el hampa, eliminar a agentes judiciales o policíacos, coaccionar a los jueces para obligarlos a conceder sentencias indulgentes y crear un entorno propicio para la actividad delictiva.

La convergencia entre los grupos armados y las organizaciones criminales, al igual que antes, hoy sigue siendo una realidad en varios países de la región. En la escena, más allá de los cambios de etiquetas y de escenarios, operan viejos y nuevos actores.

La gobernabilidad en peligro

Los nexos inequívocos entre el narcotráfico y el terrorismo siguen poniendo en peligro la gobernabilidad de muchos países de América Latina. Todos estos ataques que sufren las naciones se dan en un contexto regional marcado por instituciones democráticas aún débiles o devaluadas, y en el marco de un creciente populismo, en muchos casos, con libertades y derechos recortados, o infiltradas y jaqueadas por el corrupto poder de los cárteles vinculados con el tráfico de drogas y por el poder de fuego de guerrillas y grupos armados que siguen combatiendo. Muchas sociedades democráticas deben enfrentar estas alianzas criminales, su poderío económico e incluso su creciente capacidad de fuego.

El incremento de la violencia de los cárteles de droga mexicanos, que generaba antes de finalizar 2009 más de 6000 asesinatos (un promedio de más de 20 por día), superando los 5630 (15 por día) de todo 2008, es un disparador para un debate que no debe olvidar la lucha que aún lleva adelante Colombia o el peligroso surgimiento de este flagelo a lo largo y ancho de la región, que antes veía estos problemas como algo lejano o con bajos índices de incidencia en sus respectivas sociedades.

Ningún país está salvo. El combate al narcoterrorismo implica una estrategia del Estado acorde con este grave problema. La estrategia requiere la participación activa de todos los niveles de gobierno y de sus tres poderes (Ejecutivo, Legislativo y Judicial). Este flagelo demanda que la Policía y las Fuerzas Armadas se complementen en sus operaciones, como ya se hace en varios países de la región, pero también necesita el apoyo manifiesto y la participación de toda la sociedad con educación y cultura, en toda la extensión de la palabra.

El combate contra esta alianza transnacional de la muerte necesita al conjunto de la sociedad, así como acuerdos entre Estados (Plan Colombia, Iniciativa Mérida, entre otros), que fueron llevados adelante, o multilaterales en el seno de la OEA y la ONU.

Se necesita de una democracia sólida y de la participación activa de la sociedad en su conjunto para derrotar a una poderosa convergencia que hoy se beneficia también de la globalización, según se desprende de las operaciones que terroristas transnacionales siguen realizando en la región conjuntamente con el crimen organizado.

Sin duda, para todo análisis y medidas a tomar, se debería partir de la premisa de que existen vínculos entre el terrorismo y el tráfico de estupefacientes ilícitos. Muchos de los países lo padecieron, lo están sufriendo, o lo que es peor, lo pueden enfrentar en un futuro próximo si no se combate con inteligencia, con todo el significado que tiene esa palabra.

Las pruebas empíricas sobre los nexos entre terroristas y narcotraficantes son hechos irrefutables en la región, y no pueden ser explicados únicamente por la situación económica coyuntural de los países. La economía y la cultura del narcotráfico desembarcaron y se instalaron en muchas de nuestras sociedades que en ocasiones la normalizan.

Sin embargo, más allá de los estrechos vínculos —e incluso la convergencia— entre los grupos terroristas y grupos de delincuencia organizada, es necesario precisar el alcance de esta conexión para su mejor combate. Existen similitudes y diferencias entre estos dos tipos de organizaciones. Las estrategias para impedir que las organizaciones terroristas adquieran los recursos financieros necesarios para poner en marcha y mantener campañas, deberán ser una prioridad, sin caer en una simplista fusión de la guerra contra las drogas y la guerra contra el terror, porque podría hacer un flaco favor a la lucha contra ambos. Claro está que la simbiosis entre ellos es irrefutable.

Ambos grupos delictivos son pragmáticos a la hora de operar y llevar adelante sus alianzas estratégicas, por lo tanto, su combate —más allá de rígidas definiciones y etiquetas— también debe ser sagaz para enfrentar con firmeza estos dos flagelos que tienen mucho en común, aunque no todo. Pero lo que es cierto es que no se pueden subestimar estas alianzas que se han instalado y que mutan constantemente, aprovechando las ventajas de la globalización.

En 1983, el término narcoterrorismo fue presentado —con acierto— por el entonces presidente peruano Fernando Belaúnde Terry. El jefe de Estado peruano se refería a los ataques terroristas en contra de la policía antinarcóticos en su país. Hoy en día, el concepto tiene una definición más amplia. Se trata del uso sistemático de amenazas y actos violentos en contra de la población civil por parte de los traficantes de droga y de sus eventuales socios terroristas, nacionales o transnacionales, para influir en las políticas gubernamentales. Belaúnde Terry no se equivocaba en dar la alerta en la década de los ochenta.

El 9 de diciembre de 1994, la Asamblea General de las Naciones Unidas reconocía en una declaración su preocupación «por los crecientes y peligrosos vínculos entre grupos terroristas y traficantes de drogas y sus bandas paramilitares, que han recurrido a todo tipo de violencia, poniendo así en peligro el orden constitucional de los Estados y violan los derechos humanos básicos». Desde entonces, se sucedieron declaraciones mucho más fuertes y más amplias.

En la resolución 1373 de 2001, el Consejo de Seguridad de Naciones Unidas «toma nota con preocupación la estrecha conexión entre el terrorismo internacional y la delincuencia organizada transnacional, las drogas ilícitas, el lavado de dinero, el tráfico ilícito de armas y la circulación ilícita de materiales nucleares, materiales potencialmente letales químicos, biológicos y otros...».

De todos los vínculos entre el terrorismo y el crimen organizado, la relación entre el tráfico ilícito de drogas, las organizaciones guerrilleras y paramilitares parece ser la más fuerte. Ciertamente, esta simbiosis parece ser la mejor documentada.

Para una treintena de países, el vínculo entre los conflictos armados y la producción de drogas ilícitas y el tráfico se puede establecer con certeza fundada. Sin embargo, según estimaciones que hacía la ONU, hay más de 100 países que participaban de alguna forma en el tráfico ilícito de drogas, ya sea en términos de cultivo, procesamiento, tráfico, distribución, el lavado de dinero u otros delitos colaterales.

Por eso, más allá de las pruebas concretas que existen en muchos países de la región sobre la conexión creciente entre guerrilleros, paramilitares y narcotraficantes, no debemos olvidar a las otras naciones donde el tráfico de drogas es un caldo de cultivo ideal para la creación en el futuro de esas nefastas alianzas, que ya operan en muchos de nuestros países.

Narcotraficantes y terroristas tienen algo en común: enfrentan a la democracia y sus instituciones, y se necesitan para ello. Podríamos discutir si estas alianzas son circunstanciales o duraderas, pero mientras lo hacemos, ellos ponen en peligro a la democracia y siembran dudas sobre la viabilidad de los proyectos políticos y económicos. El tiempo es vital para su combate.

Tras el fin de la Guerra Fría, muchos grupos terroristas se quedaron sin los recursos económicos provenientes de sus capitales ideológicas y comenzaron a buscar fuentes alternativas de financiación, que encontraron en la producción de drogas, las extorsiones, los secuestros, las armas y el tráfico, entre otros delitos, e incluso con la connivencia de dictaduras, gobiernos y organizaciones populistas u organizaciones islámicas fundamentalistas. Colombia y México son ejemplos que deben ser tomados en cuenta a la hora de elaborar estrategias para la lucha contra estos grupos narcoterroristas que se expanden en la región.

El combate que México iniciaba tiempo atrás contra el narcotráfico tenía algunas similitudes con el de Colombia de décadas pasadas. Los mexicanos debían hacer frente a muchos de los retos que enfrentó Colombia. «La violencia que se genera en México alrededor del narcotráfico es comparable con la nuestra años atrás», reconocía en una entrevista el general Óscar Naranjo, exjefe de la policía de Colombia. «México está experimentando lo que uno puede llamar la segunda generación de narcotraficantes (...) que pretenden desarrollar control territorial de unas áreas, que pretenden asegurar el monopolio del tráfico», añadía el experto.

Para algunos, México iba hacia una «colombianización». Pero más allá del debate sobre la etiqueta, México tenía una ventaja. Ahora hay mucho más que se puede aprender del caso colombiano. Pero de todos modos hay muchos paralelos alarmantes —como la corrupción y el poder de fuego— de una industria que generaba decenas de millones de dólares anuales en ese país.

El poder de extorsión y secuestro, el alto nivel de sofisticación de las armas y la capacidad monetaria de los cárteles mexicanos son algunas de las similitudes con la guerra que enfrentó Colombia contra el narcotráfico a principios de la década del 2000, en un conflicto que aún no ha terminado. Incluso los servicios de información de Estados Unidos y Colombia advirtieron a mediados de 2007 que varios sicarios, exmiembros del Ejército colombiano y antiguos ejecutores a sueldo de los cárteles de Cali y Medellín, se habían trasladado a México para seguir ejerciendo su trabajo: matar y entrenar gatilleros.

Los integrantes de los cárteles tienen armas semiautomáticas de asalto, granadas, balas capaces de perforar blindados, lanzagranadas y lanzacohetes, drones armados, vehículos blindados, entre otras capacidades, lo que ha dado lugar a una violencia sanguinaria, incluso con decapitados y descuartizados.

El arma preferida por los narcotraficantes mexicanos solía ser la pistola de calibre 38, pero ahora prefieren las más potentes y de mayor calidad, como los fusiles de 7,26 × 39 mm y fusiles 50, 45 y AK-47, Browning M2 calibre 50, una de las más poderosas utilizadas por la infantería de Estados Unidos. También R15, además de granadas y pistolas de 9 milímetros, lanzacohetes RPG-7 de fabricación rusa, ametralladoras SAW 5,5 con capacidad de 700 disparos, fusiles Remington 700 utilizados para francotiradores, granadas y bazucas, entre otros pertrechos.

Algunas de las armas incautadas incluían fusiles de asalto, pistolas semiautomáticas Herstal, fusiles de francotirador Barrett, lanzagranadas, lanzacohetes LAW y granadas de fragmentación. Pero su modernización prosigue; el mejor ejemplo es la fabricación casera de los conocidos «monstruos» o «narcotanques». Tienen aviones, lanchas y hasta submarinos.

Durante los primeros dos años de la presidencia de Felipe Calderón, las autoridades mexicanas incautaron más de 30 231 armas (16 401 de las cuales fueron de asalto), más de 3,5 millones de cartuchos y 2196 granadas. El terror estaba instalado en México, y la ola de violencia que afecta especialmente al norte del país involucraba a organizaciones tradicionales como los cárteles de Juárez, Sinaloa y el Golfo, junto a grupos como los Zetas y, más recientemente, el denominado La Familia, entre otros grupos armados. Hoy los nombres de los cárteles cambian porque estos grupos criminales se atomizan y multiplican, pero sus capacidades y poder de fuego van en aumento.

Pero para ver la complejidad de este problema a la luz de la globalización, hay otros indicios en donde se pone de manifiesto estas nefastas alianzas narcoterroristas locales con redes terroristas transnacionales.

El exjefe del Comando Sur de Estados Unidos, almirante de navío James Stavridis, había señalado, frente al Comité de Servicios Armados del Senado, que en agosto de 2008 el Comando Sur ayudó a varios países de la región a realizar una operación contra la comercialización de drogas, relacionada con el grupo terrorista libanés proiraní Hezbolá, en el área de la Triple Frontera de Argentina, Brasil y Paraguay.

Un operativo similar, realizado en octubre de 2008, condujo al arresto de varios individuos en Colombia, asociados con una red de lavado de dinero y tráfico de drogas afiliada al proiraní Hezbolá. De acuerdo con el almirante Stavridis, identificar, monitorear y desmantelar enlaces financieros, logísticos y de comunicación entre grupos de tráfico ilícito y patrocinadores terroristas resulta crítico, no solo como indicios y advertencias de potenciales atentados terroristas dirigidos contra los Estados

Unidos y sus socios en América Latina, sino también para entender esa tremenda amenaza a la seguridad hemisférica.

Agregaba también el jefe militar que las redes terroristas incluían no solo a narcoterroristas locales como las FARC colombianas y Sendero Luminoso de Perú, sino también a redes terroristas islámicas involucradas en la recaudación de fondos y apoyo logístico para organizaciones cuya matriz se asentaba en el conflictivo Medio Oriente.

A mediados de julio de 2008, el diario *El Universal* revelaba información de inteligencia de la Administración Antidrogas Americana (DEA), según la cual los cárteles de droga en México, del Golfo y Sinaloa, estaban enviando asesinos y gatilleros para entrenarse en Irán en tiro y uso de Dispositivos Explosivos Improvisados (IED), bajo la enseñanza de los Guardianes de la Revolución de Irán. Esas fuentes dijeron que los narcotraficantes viajaban de México hacia la Venezuela chavista, donde tomaban los vuelos semanales de Iran Air con destino a Teherán. En algunos casos, los pasajeros usaban pasaportes venezolanos o del MERCOSUR.

El entrenamiento avanzado, centrado en táctica, comando de guerra, liderazgo, armas y explosivos, es una amenaza para Estados Unidos y para México, que comparten frontera, indicaban expertos. El periódico agregaba que a varios terroristas libaneses que pertenecían al proiraní Hezbolá se les garantizó la ciudadanía mexicana a través de matrimonios arreglados por bandas de narcotraficantes mexicanos.

En una entrevista para el *Washington Times*, en marzo de 2009, Michael Braun, exjefe de Operaciones de la Agencia Antidrogas en Estados Unidos (DEA), informaba que la Fuerza Quds de los Guardias Revolucionarios del régimen teocrático de los ayatolás, que facilita los atentados terroristas fuera de Irán, había comenzado a operar en América Latina. Su evaluación es que esos elementos controlaban y coordinaban la actividad criminal de Hezbolá en la región. Afirmaba que Hezbolá utilizaba a los exiliados shiítas como intermediarios con los líderes de los cárteles de drogas.

Los funcionarios de la policía citados en el artículo del *Washington Times* destacaban que Hezbolá estaba involucrado en tráfico de drogas y personas en el área de la Triple Frontera sudamericana, pero que dependían cada vez más de los cárteles mexicanos que controlan las rutas de contrabando hacia Estados Unidos.

En junio de 2022, en Buenos Aires, se logró detener un avión de carga venezolano que el Gobierno argentino inmovilizó a pedido de Estados Unidos. Washington asegura que el aparato servía para operaciones encubiertas de agentes venezolanos e iraníes en toda América Latina, por lo que incautó la aeronave. La tripulación que había llegado en el Boeing 747-300 a Argentina el 6 de junio de 2022 estaba conformada por cinco iraníes de la Fuerza Quds y catorce venezolanos. El avión había llegado a Argentina procedente de México, tras hacer una escala en Venezuela.

Una de las consecuencias negativas de la globalización ha sido el reforzamiento de los narcotraficantes y del terrorismo: nuevos negocios, acceso a más armamento y reclutas, descentralización de sus centros de mando con las consiguientes nuevas amenazas.

Mientras las organizaciones al margen de la ley se han adaptado al nuevo mundo con flexibilidad, alianzas y redes, los Estados mantienen en muchos casos estructuras rígidas, y sus funcionarios se mueven con conceptos propios de la vieja Guerra Fría, lo que hace que el narcoterrorismo vaya en muchos casos un casillero adelante en su enfrentamiento contra los estados democráticos.

Si no prestamos la suficiente atención a estas cuestiones, tal como sostuvo el exguerrillero salvadoreño del izquierdista FMLN y experto en resolución de conflictos Joaquín Villalobos, podrían surgir incluso varios narcoestados en la región, como retaguardias de los cárteles mexicanos y colombianos.

La conclusión es clara. El narcotráfico está dispuesto a realizar alianzas tanto a nivel nacional como internacional con grupos terroristas y bandas locales. Los vínculos y la convergencia son evidentes y ponen en peligro la seguridad del hemisferio. Los narcotraficantes le han declarado la guerra al Estado de derecho, y por mantener intacto su negocio harán lo que sea, mientras que los terroristas están dispuestos a sumarse a esa desestabilización porque es buena para imponer sus estrategias políticas y su financiamiento.

El terrorismo no es independiente del narcotráfico; ambos enfrentan las instituciones democráticas y hacen peligrar la gobernabilidad de la región. Dependerá entonces de la solidez de la democracia, de sus instituciones, de sus capacidades y determinación, y sobre todo de pragmatismo, para enfrentar esas oportunistas alianzas locales y transnacionales entre narcotraficantes y terroristas. Una sociedad que quiera conservar sus libertades y derechos no puede ser rehén del narcoterrorismo. El combate contra estas amenazas aún no se ha saldado con la victoria de los Estados democráticos.

Controlar el territorio a través del terror

Las sociedades latinoamericanas siguen viviendo una creciente ola de violencia causada por los cárteles de la droga, devenidos hoy en poderosos narcoterroristas. Los grupos armados combaten contra las instituciones democráticas por el control de territorios en donde manejan multimillonarios negocios con el tráfico de drogas, y también se globalizaron.

Estas organizaciones delictivas, casi seguramente influenciadas por guerrillas de la región o grupos terroristas del Medio Oriente, también adoptan sus mismas tácticas. Vídeos de sus víctimas decapitadas son reproducidos a través de Internet, así como mensajes destinados a quienes los combaten o intentan detenerlos. El mensaje a las autoridades es claro: están dispuestos a causar el mayor terror posible si sus intereses son atacados por las fuerzas de seguridad, y el blanco es la sociedad civil en su conjunto.

«Los cárteles de drogas copiaron los métodos de los terroristas internacionales para capturar la atención de los medios de comunicación al llevar a cabo actos violentos y, así como los narcos lo hicieron en Colombia, buscaban deslegitimar la capacidad del gobierno para proteger a sus ciudadanos», afirmaba Jairo Libreros, profesor y analista de Defensa y Seguridad Nacional en la Universidad Externado de Colombia.

«El mensaje de estos grupos delincuenciales a las autoridades es que ellos están dispuestos a enfrentarse en una larga y cruel guerra, y que las principales víctimas no serán los miembros del cártel y sus familiares, sino la sociedad civil», expresaba Libreros.

«Esto es parte de un plan para usar la publicidad y controlar el territorio a través del terror», comentaba Arturo Arango Durán, asesor de seguridad con sede en Monterrey, a *McClatchy Newspapers*.

«Ya están adentrándose en el terreno de la extrema brutalidad: decapitan personas, disuelven sus cuerpos en ácido, cometen masacres en centros de atención a drogadictos, tiran los cuerpos de las personas en cunetas», indicaba Bruce Bagley, profesor de Estudios Internacionales de la Universidad de Miami, al medio *McClatchy Newspapers*.

Los cárteles de drogas mexicanos habían encontrado en las redes una herramienta más para sus fines. La revista *Time* reportaba que, en la sangrienta población fronteriza de Reynosa, los miembros de un cártel usaron sitios de chat de Internet para aterrorizar a los habitantes enviando mensajes que crearon pánico entre los residentes y causaron la interrupción de las actividades normales al tiempo que las amenazas se multiplicaban en línea.

Uno de esos mensajes expresaba: «¡La balacera más grande en la historia de Reynosa será mañana o el domingo! Envía este mensaje a la gente en la que confías, que mañana un convoy de 60 camionetas llenas de sicarios de la Familia Michoacana junto con miembros del Cártel del Golfo llegará a tomar la ciudad y tomar a todos vivos o muertos». Las tiendas decidieron permanecer cerradas ese día y los ciudadanos optaron por esconderse en sus viviendas.

Los eventuales nexos entre narcos y terroristas, a la luz de la globalización y de las nuevas herramientas que acercan a las organizaciones más disímiles táctica o estratégicamente, son parte de los análisis de políticos y académicos.

La experta Vanda Felbab-Brown, del Brookings Institute, le decía a CNN que los cárteles no tienen agendas ideológicas. «Ellos no quieren ser molestados por los políticos; ellos quieren el control político y el poder, pero eso no significa que quieran derrumbar el sistema político ni mucho menos tomar el país», manifestaba a la cadena internacional.

Por su parte, Strategic Forecasting, compañía de inteligencia global, agregaba más elementos al análisis y afirmaba que el grupo terrorista islamista proiraní Hezbolá, con sede en Líbano, ha incrementado sus operaciones en México, lo cual es un indicador de peligros en Latinoamérica que podrían esparcirse hacia Estados Unidos.

«Preocupan los posibles vínculos entre los cárteles de drogas y los terroristas internacionales y su uso eventual de las rutas de las drogas para introducir armas y filtrar terroristas a Estados Unidos», manifestaba Libreros.

La operación que puso al descubierto un presunto complot iraní contra el embajador saudí en Washington planteó la hipótesis de que cárteles mexicanos puedan apoyar actos terroristas. El gobierno de Washington, al acusar a Irán de intentar un atentado contra un embajador en su territorio, señalaba que el complot fue descubierto gracias a que un agente estadounidense en México se hizo pasar por miembro de un cártel interesado en perpetrar el ataque.

El entonces fiscal general de Estados Unidos, Eric Holder, revelaba que Mansor Arbabsiar, iraní de 56 años naturalizado estadounidense, estuvo en contacto con ese agente encubierto. Arbabsiar fue detenido en Nueva York, tras ser regresado por el servicio de migración mexicano que no le permitió ingresar. Las autoridades estadounidenses no identificaron al cártel con el que se identificó el agente encubierto estadounidense, aunque algunos medios mencionaron a Los Zetas.

La entonces secretaria de Seguridad Nacional de Estados Unidos, Janet Napolitano, expresaba que autoridades estadounidenses contemplan una eventual alianza entre grupos como la red fundamentalista Al Qaeda y Los Zetas, una organización creada por militares de élite mexicanos que desertaron para trabajar con el narcotráfico.

El entonces presidente Barack Obama señalaba que Los Zetas eran una amenaza a la seguridad internacional y los comparó con La Camorra italiana y la Yakuza japonesa. Todas estas organizaciones funcionan al margen de la ley y, pese a tener intereses distintos, en algún momento utilizan o se mueven en los mismos escenarios. Siempre hay contactos, afirman, y coinciden a la hora de sus ilícitos mercados criminales o en sus estrategias contra las sociedades democráticas.

El uso del terror está presente y crece en la región. Los ejemplos son incontables. Las organizaciones criminales de guerrilleros y narcotraficantes continúan sembrando minas antipersona, mientras atacan y matan a fuerzas públicas y civiles con poderosos explosivos. El flagelo, que mayoritariamente lo sufren las familias, no cesa, según el Servicio de Acción Contra Minas de las Naciones Unidas (UNMAS). Los eventos que involucraron artefactos explosivos se duplicaron en 2023, pasando de 489 a 929. Los ejemplos son muchos, pero el denominador común es generar terror en las sociedades democráticas para controlarlas.

Quieren el poder

El coche bomba, cargado con 10 kilos de explosivo plástico y detonado con un teléfono celular, explotaba en una zona céntrica de Ciudad Juárez, fronteriza con Estados Unidos, una de las urbes más violentas de México, y causaba al menos cinco muertes, heridos y destrucción en varios inmuebles. El episodio ocurría en la frontera norte: en menos de 24 horas se registraron 16 muertes en Ciudad Juárez y en Nuevo Laredo. Corría el año 2010. Las autoridades indicaban que el coche bomba fue en represalia por el arresto, horas antes, de Jesús Acosta, de 35 años, jefe de la banda La Línea, brazo armado del cártel de Juárez.

Especialistas estimaban, con acierto, que el país «entró en una escalada de acciones que pretenden atemorizar a civiles y vulnerar instituciones». Samuel González, exjefe de la Unidad Especializada en Delincuencia Organizada de la Procuraduría General de la República, señalaba que el atentado en Juárez fue «inequívocamente narcoterrorismo».

Para Pedro Isnardo de la Cruz, un especialista de la Universidad Nacional Autónoma de México (UNAM), «estamos justo en la antesala de una nueva forma de violencia, más cruenta y perniciosa, de los grupos delictivos que absorben la experiencia de la narcoguerrilla colombiana y las mafias italianas».

Según algunos analistas, como Néstor Ojeda del diario *Milenio*, los cárteles de la droga avanzaban directamente hacia el narcoterrorismo: «por más que las autoridades pretendan bajarle el tono al atentado con coche bomba contra las fuerzas federales en Ciudad Juárez, Chihuahua, lo cierto es que todos y cada uno de los indicios alrededor del hecho confirman que se trató de un ataque terrorista organizado por las bandas del narcotráfico».

Otro experto, Ricardo Alemán, del diario *El Universal*, aseguraba por esos días que «a buena parte del Gabinete de Seguridad no le da para entender y menos explicar que el tamaño de la violencia del crimen organizado y el narcotráfico ya superó todo antecedente —incluida la colombianización—, y que la nueva guerra que enfrenta el Estado, sus instituciones, políticos, periodistas y sociedad, debe ser entendida desde una nueva e inédita óptica, lenguaje y cultura».

Con la escalada de violencia, «el crimen organizado busca ampliar su dominio del campo geográfico al político, debido a que ya cuenta con el poder económico que le permite hacerlo», observaba René Jiménez Ornelas, del Instituto de Investigaciones Sociales de la UNAM. Sostenía que el control del narcotráfico se extiende ante los vacíos de poder del Estado y la falta de una acción contundente para atacar de forma integral los delitos.

El narcoterrorismo en México se caracterizaba no solo por acciones violentas que tienen el propósito de infundir miedo en sus adversarios, en las luchas por el control del negocio y amedrentar a la sociedad mexicana. Los narcotraficantes estaban asesinando a personas inocentes de forma accidental pero también intencional, además de políticos y funcionarios públicos. Lanzaron granadas a una plaza repleta de gente en Michoacán, han acribillado a familias enteras y a decenas de jóvenes estudiantes en fiestas.

Por eso, la violencia del narcoterrorismo en México ha sido más rápida en su expansión, más sangrienta en número de asesinados, más pavorosa en los recuentos de los cadáveres descuartizados, más amplia en número de poblaciones amedrentadas y más difícil de contener o combatir por parte del Estado, opinaban los expertos.

Las decapitaciones, la aparición de cadáveres descuartizados, los secuestros, los colgados en plazas públicas, en puentes y la aparición de los coches bomba no se pueden soslayar en el análisis a la hora de combatir estas amenazas. Lo cierto es que la ciudadanía ya es víctima y objetivo de los narcos desde hace tiempo. Los hechos que se suceden son incuestionables.

Minimizar sus actos solo empeorará la situación y retrasará su combate, con necesarias nuevas tácticas y estrategias adecuadas al nuevo enemigo.

Para empezar, el narcoterrorismo cuenta con recursos humanos, económicos y militares muy considerables. Los gobiernos deberían asumir la gravedad y reaccionar con nuevas formas de combate en esta guerra asimétrica. De otra forma, será imposible vencer a un enemigo aún oculto entre sus víctimas, explicaban analistas en seguridad.

El terrorismo llegaba a México. Se trata de un terrorismo particular: se trata del terrorismo de los narcos, y eso le da su especificidad, su particularidad dentro de la amplia gama de modos de sembrar el miedo extremo, como parte del terrorismo global que es el que atormenta al mundo en estos momentos de guerras asimétricas de cuarta generación.

En la era del terror, todos los terroristas utilizan la violencia extrema para sembrar el miedo en una sociedad determinada y entre los miembros de sus instituciones políticas, judiciales, militares y policiales. La diferencia son las motivaciones y los objetivos que se persiguen al hacerlo.

Los terroristas islámicos quisieran crear el califato universal; los terroristas de izquierda quisieran cambiar la sociedad para llegar al socialismo; los terroristas nacionalistas quisieran conquistar un territorio para la implantación de un estado-nación; y los narcoterroristas quieren el poder en su doble vertiente: económica y política. Para garantizar la fluidez de sus negocios ilícitos, están dispuestos a utilizar el terror contra todos.

Comparten medios y métodos operacionales

Hay grupos de narcotraficantes mexicanos, al igual que cárteles de Colombia o sudamericanos, que han desembarcado en Europa y África. Trabajan juntos y se apoyan en la logística del crimen organizado para enviar toneladas de drogas desde América Latina y el Caribe con destino al viejo continente vía África. También llegan a Rusia e incluso a Medio Oriente y Asia con la ayuda de redes locales, afirmaban investigaciones.

Desde 2008, los traficantes expandieron su presencia en el oeste de África como puente a Europa, mientras que también desembarcan en los mercados de Medio Oriente y Asia. El oeste de África se ha convertido en el punto de transbordo de la cocaína hacia Europa y Rusia. Esto muestra el riesgo estratégico no solo para México, Colombia, América Latina y Estados Unidos, sino para África, Europa y todos los demás lugares que están en la mira de los narcoterroristas, aseguraban los expertos.

La razón del incremento del narcotráfico de México y Latinoamérica hacia el oeste de África se debía al aumento de la demanda de cocaína en muchas partes de Europa. Los cárteles mexicanos, colombianos y narcotraficantes latinoamericanos habrían enviado aproximadamente entre 400 y 500 toneladas de cocaína a Europa en 2009, revelaban los informes.

Los cárteles se han hecho tan poderosos que se han convertido en una amenaza para la seguridad de las instituciones de los países en donde operan. Los narcotraficantes invierten millones de dólares cada año en desestabilizar regiones alrededor del mundo para avanzar en sus eficientes operaciones. Usan la corrupción, la intimidación y la violencia para desestabilizar gobiernos en América Latina, África y otras regiones, buscando territorios sin control del Estado, lo que les permite a poderosos criminales y terroristas operar libremente.

«Organizaciones terroristas y organizaciones globales del narcotráfico, naturalmente emigran y coinciden en el mismo espacio ingobernado», afirmaban agencias de inteligencia occidentales. «Operativos de Al Qaeda, Hezbolá, Hamas y otros se codean con los cárteles latinoamericanos y mexicanos —incluyendo las colombianas FARC— en los países del oeste africano y en otros lugares del continente», indicaban expertos. «Ellos frecuentan los mismos lugares, se hospedan en los mismos hoteles. Hablan de negocios, comparten lecciones aprendidas, contactos críticos, medios y métodos operacionales».

Bruce Bagley, profesor en la Universidad de Miami, explicaba en 2010 que Colombia tenía alrededor de 300 organizaciones involucradas en el narcotráfico. Los cárteles colombianos estaban ayudando a los cárteles mexicanos en los problemas de logística y transporte, al igual que hacen las empresas para facilitar sus operaciones y aumentar sus ganancias.

Algunos cárteles también desarrollaban alianzas estratégicas con otras organizaciones criminales. Estas incluyen mafias italianas, de países del este europeo y rusas, y grupos terroristas de varios continentes, sostenía. Los cárteles del narcotráfico y los grupos terroristas se fueron convirtiendo en grupos híbridos.

De 45 grupos terroristas en el mundo, revelaban los reportes en 2010, 15 han hecho esa transición al narcoterrorismo, incluyendo las FARC, Sendero Luminoso, Al Qaeda, Hamas, Hezbolá, entre otros. «Otra dimensión de este peligroso escenario es que grupos del crimen organizado seguramente han aprendido de los narcotraficantes mexicanos a pedir pagos en especie —cocaína— por sus servicios, en lugar de efectivo. Ellos pueden obtener mayores ganancias con cocaína en sus manos que las que pueden obtener con dinero en sus arcas», advertían los investigadores.

Los cárteles actuaban como una empresa comercial transnacional para garantizar la continuidad de sus operaciones. Las investigaciones muestran que las estructuras de los cárteles imitan a las de los negocios legítimos, con directores ejecutivos, programas de expansión, actividades de reclutamiento y alianzas estratégicas. Las drogas ilegales se clasificaban como una de las mercancías más importantes del mundo.

La Oficina de las Naciones Unidas contra la Droga y el Delito calculaba en esos años que las ventas de drogas ilegales a nivel mundial generaban al menos unos 320 mil millones de dólares anuales. Según informes, las ganancias de los cárteles mexicanos podían alcanzar unos 40 mil millones de dólares anualmente. En comparación, las ganancias de la industria del turismo en México fueron de unos 13 mil millones de dólares en 2008.

Los cárteles han tenido éxito reclutando sicarios y criminales para sus empresas que operan en el mercado criminal. Hay varias estadísticas sobre el número de personas que estarían involucradas en el comercio de drogas, sostenía Luis Astorga del Instituto de Investigaciones Sociales de la Universidad Nacional Autónoma de México. Astorga afirmaba que algunas fuentes en México aseguran que cerca de 50 000 mexicanos estarían empleados por los narcotraficantes, pero la mayoría de los expertos dice que el número es considerablemente mayor.

Alrededor de medio millón de personas estarían involucradas, desde jefes hasta campesinos, indicaban informes presentados por expertos. El número de personas empleado por los cárteles mexicanos era cinco veces mayor al número de personas que una empresa de bebidas cola empleaba a nivel mundial. Aún en tiempos económicos difíciles, los narcoterroristas siguen acumulando ganancias.

Actúan como una empresa comercial transnacional en un mundo globalizado, con las más variadas alianzas estratégicas, para garantizar la continuidad de sus operaciones y su fructífero negocio en expansión en el mercado criminal.

Narcoinsurgentes imponen inseguridad

Un reporte titulado «La narcoinsurgencia de México y la política antidrogas de Estados Unidos», elaborado en 2009 por el Instituto de Estudios Estratégicos del Colegio de Guerra de Estados Unidos, encargado de proporcionar insumos de análisis al Departamento de Defensa sobre seguridad nacional y geoestrategias, alertaba sobre el crecimiento de grupos paramilitares en México.

Una de las consecuencias visibles del conflicto es una transición del gangsterismo tradicional de asesinos a sueldo al terrorismo paramilitar con tácticas de guerrilla. Algunos de estos grupos son usados por los cárteles del narcotráfico para dominar territorios y retar al Estado, como parte de «la tercera generación del crimen», por lo que el gobierno de Estados Unidos debe modificar su estrategia contra el narcotráfico y utilizar tácticas de contrainsurgencia, afirmaba el estudio que le proporcionaba insumos al gobierno del presidente Barack Obama.

Los cárteles mexicanos del narcotráfico están empleando fuerzas paramilitares privadas que usan armas avanzadas y son reconocidos por su brutalidad. Los Zetas eran los más conocidos y considerados por oficiales de Estados Unidos como un ejército privado de México «tecnológicamente más avanzado, sofisticado y violento».

El Dr. Hal Brands, académico de la Universidad de Yale, autor del análisis para el Pentágono, destacaba en el reporte la brutalidad de grupos como Los Zetas y su habilidad para explotar publicitariamente los hechos, lo que permite al cártel dominar la información. «El gobierno mexicano debe confrontar este aspecto si aspira a redirigir la actual sensación de inseguridad pública», según explicaba.

En los últimos años, agregaba el estudio, pero especialmente desde 2006, México ha experimentado un incremento acelerado de violencia relacionada con el narcotráfico y un correspondiente deterioro de seguridad interna, «como parte de lo que debe ser descrito como una multinarcoinsurgencia, de los bien financiados cárteles que están haciendo la guerra contra el gobierno para controlar los corredores de droga hacia los Estados Unidos».

«Este derramamiento de sangre ha sido el más intenso debido al incremento de armamento pesado, fuerzas paramilitares bien entrenadas como los combatientes principales en la lucha por el control de drogas», destacaba la investigación.

Los grupos paramilitares de los cárteles de México y de otros particulares, explicaba, se ubican, como ocurre en otros países, como parte de la «tercera generación». Son más grandes, complejos y poderosos que las pandillas callejeras, porque usan la violencia y la intimidación para debilitar las instituciones gubernamentales y corromper la autoridad del Estado. «Los Zetas y otras organizaciones paramilitares tientan a los soldados a cambiar de lado ofreciendo salarios por encima de los 3000 dólares a la semana (en comparación con los 1100 por mes que ganan la mayoría de los miembros de las Fuerzas Armadas)», señalaba el documento.

La fractura de la autoridad gubernamental en ciertas áreas tiene implicaciones de largo plazo en México: la narcoinsurgencia se encamina e intenta lo que un experto denomina la «descomposición del Estado». El reporte consideraba que, en el estado actual, «las instituciones políticas y gubernamentales simplemente no están suficientemente fuertes para apoyar una vigorosa estrategia» en la lucha contra la droga.

Para Ghaleb Krame, especialista en seguridad nacional de la Universidad Alliant International University, campus México, el narcotráfico asumió como táctica la guerra de guerrillas, y afirma que son grupos altamente móviles y difíciles de detectar.

El investigador afirmaba que estos grupos crearon una plantilla de contrainteligencia y tecnología sofisticada, y cuentan con la posibilidad de adecuar su estructura operativa y de dirección vertical y horizontal ante cualquier emergencia, o para su permanencia y fortalecimiento como grupo criminal.

Consideró que la guerra contra el narcotráfico no se gana porque el Ejército, como los de casi todos los países, está entrenado para una guerra convencional. «Los cárteles de la droga adoptaron para sus operaciones la guerra de guerrillas y se volvieron grupos altamente móviles, mientras que las bases de operación militar y policial son bases fijas e identificables. Los grupos de narcotraficantes pueden ir cambiando constantemente de sitio y hombres». Las organizaciones criminales de este tipo, explicaba, cuentan con un sistema de inteligencia efectivo porque tienen canales más sofisticados que los que muchas veces tiene el Ejército.

Comentaba que incluso hasta usan y se mueven por medios legales como las páginas de Facebook y Twitter, que les dan en forma inmediata comunicación a través de sus propios códigos y claves. El especialista mencionaba que en el mercado hay especialistas en tácticas de guerra de guerrillas, armamento, explosivos, economía y finanzas, y los narcotraficantes compran sus servicios y obtienen el conocimiento inmediato. Se deben buscar cambios sistemáticos y profundos frente a un enemigo del cual no se tenía el conocimiento del peligro, movilidad y flexibilidad que tiene, y de ahí el peligro de que el combate al narcotráfico escale de manera sorprendente en los próximos años, explicaba el reporte.

Hoy los grupos paramilitares de México son sospechosos de montar incursiones armadas a lo largo de la frontera para proteger cargamentos de droga. Como señalaba un exoficial del Departamento de Estado, «desde la Revolución Mexicana la violencia en México no representaba un desafío tan inquietante para la seguridad de Estados Unidos». Los principales cárteles mexicanos del narcotráfico están incorporando a sus filas a «decenas» de exmilitares colombianos con experiencia en guerra irregular para mejorar las «capacidades tácticas» de sus estructuras armadas.

Fuentes de inteligencia militar y exoficiales de rango medio involucrados en el proceso de reclutamiento informaban a la prensa mexicana que, con esos hombres, que en su mayoría tienen entrenamiento de comandos, los cárteles están conformando unidades de élite para actuar con «mayor fuerza letal» frente a grupos enemigos en diferentes regiones de México o contra las fuerzas del Estado.

Investigaciones afirmaban que, entre los exintegrantes del Ejército colombiano que están viajando a México «contratados» por las organizaciones del narcotráfico, hay francotiradores, instructores de fuerzas especiales, comandos de operaciones urbanas, guías caninos, enfermeros, expertos en explosivos, expertos en armas pesadas y pilotos de drones. Capacidades que hoy siguen reclutando.

En la mayoría de los casos son militares retirados de alrededor de 40 años de edad, tras 20 años de servicio, que están en plenitud de facultades y han sido fogueados durante mucho tiempo en combates contra grupos armados irregulares, como guerrillas y estructuras del narcotráfico.

«Los narcotraficantes mexicanos se están llevando a personal militar de capacidades diferenciadas, porque eso les ha dado muy buenos resultados en sus guerras por el control de territorios y porque la ganancia para ellos es doble: ganan combatientes altamente capacitados y ganan instructores para su gente», indicaban especialistas en defensa.

Expertos sostenían que los cárteles mexicanos que más colombianos habían reclutado son el de Sinaloa, el de Jalisco Nueva Generación, La Familia Michoacana y Los Caballeros Templarios, entre otros.

Según uno de los exoficiales del Ejército que había participado en las labores de reclutamiento para los cárteles mexicanos, los narcos también han incorporado a sus estructuras sicariales a desmovilizados de las guerrillas del ELN y de las FARC. En Colombia, las alianzas entre guerrilleros, paramilitares y narcotraficantes continúan siendo una realidad a la hora de sus negocios ilegales y en los enfrentamientos con las Fuerzas Armadas y la Policía.

Efecto cucaracha

Para el exsecretario general de la OEA, el chileno José Miguel Insulza, el control territorial que algunas bandas del crimen organizado sostienen en zonas de algunos países ha dado paso a lo que llamó un fenómeno de «desdemocratización», es decir, el deterioro de la democracia formal. El riesgo latente es que «la criminalidad aumenta el temor de la población a participar en el debate público», señalaba Insulza.

El excanciller chileno manifestaba que la principal amenaza la impone «la pretensión de algunos grupos de copar determinados espacios territoriales, cosa que ocurre en algunos países donde hay sectores, ciudades, barrios controlados por bandas narcotraficantes, que incluso imponen una forma de orden propio».

México, país que había lanzado una vasta ofensiva desde diciembre de 2009 contra el narcotráfico, con el saldo de más de 28 000 muertos, es un ejemplo de las nuevas amenazas. Frente a las críticas que enfrentaba entonces el gobierno del presidente mexicano Felipe Calderón por su estrategia de choque frontal con los cárteles, el expresidente colombiano César Gaviria consideró que se trató de una decisión acertada. «El presidente tomó la decisión correcta como la tuvo que tomar Colombia a fines de los ochenta, pues con el narcotráfico y los cárteles fortaleciéndose todo el tiempo no es posible vivir», afirmaba el exsecretario general de la OEA.

Los cárteles, convertidos en verdaderas fuerzas insurgentes, buscan por medio del terror controlar el territorio para continuar con sus negocios impunemente. El embate del narcoterrorismo es un problema que afecta a toda la región, cuya tasa de homicidios era de 22,8 por cada 100 000 habitantes, una de las más altas del mundo.

«Quizás el desafío existe en forma más expresa en la parte norte del hemisferio, pero son muchos los países afectados, no uno solo», alertaba el chileno Insulza. Como las cucarachas, el narcotráfico es una «plaga transnacional» que no reconoce fronteras y no discrimina al momento de infestar. Cuando las tratan de aplastar, corren en diferentes direcciones para evitar ser aniquiladas, encuentran nuevas guaridas, se esconden y desde sus madrigueras se reproducen para infestar nuevos espacios.

Conocido como el «efecto cucaracha», el comportamiento de los narcotraficantes no solo en México y Colombia, sino a nivel mundial, es un método de supervivencia que las organizaciones asumen ante el combate de gobiernos contra la producción y distribución de drogas. Huyen a espacios con mayores oportunidades para el crimen y con menos represión, explican los expertos.

La analogía del narcotráfico con las plagas de cucarachas es motivo de estudio para expertos, estrategas policiales, militares y gobiernos, quienes advierten que «las cucarachas» se pueden exterminar con la acción conjunta de las naciones para no dejar espacio a la aparición de nuevos brotes de insectos tras desmantelar los nidos principales.

El entonces presidente de la República Dominicana, Leonel Fernández, había pedido que se busque una solución global al problema del narcotráfico porque es un delito de carácter transnacional y «ningún país puede resolverlo solo». Fernández se refería al «efecto cucaracha» y reforzaba la teoría de que el combate contra el narcotráfico en un país lleva a los cárteles a trasladarse y buscar nuevas oportunidades en otro. «Por lo tanto, hay que combatirlo en México, en Colombia, en Guatemala, en todo Centroamérica, en Haití y República Dominicana, para que podamos superar la amenaza», enfatizaba el presidente dominicano.

Expertos creen que los capos de los cárteles mexicanos tomaron el relevo de sus pares colombianos, debido al llamado «efecto cucaracha». En décadas pasadas, en todo el mundo se seguía con atención el flagelo del narcotráfico en Colombia. Los altos niveles de violencia protagonizados por los cárteles de Medellín y Cali, con sus coches bomba, estaban en los titulares de la prensa. Pero luego empezó el combate del gobierno contra el narcotráfico en el marco del Plan Colombia, lo que debilitó a los cárteles.

Ahora, los esfuerzos del gobierno colombiano contra las drogas y la guerrilla, además del fortalecimiento del Estado de derecho, han dado frutos positivos y la producción de droga ha decrecido, sostenía la Oficina de las Naciones Unidas contra las Drogas y el Crimen (UNODC). Esto le permitió a los narcos mexicanos ser el relevo, cobrar un macabro protagonismo y ocupar los nuevos espacios para el control del lucrativo tráfico ilegal.

Los reportes señalaban también que cada vez más los narcotraficantes se relacionan con grupos terroristas y crean lazos que elevan la amenaza a la seguridad y la estabilidad de la región. Todos necesitan armas, documentos falsos, casas seguras y rutas de paso para sobrevivir.

Decenas de grupos calificados como organizaciones terroristas participan en el comercio de drogas y otras actividades criminales, revelan los informes de agencias de gobiernos. «Las amenazas transnacionales obligan a los estados a trabajar juntos», expresaba el entonces secretario general de la ONU, Ban Ki-moon. «Nos afectan a todos, ya sea como países de suministro, tráfico o demanda. Por lo tanto, tenemos la responsabilidad compartida de actuar... La prevención del crimen y la prevención de conflictos son lo mismo: juntas crean sociedades más seguras y saludables».

Sin importar el papel que juegue un país ante el azote del narcotráfico y el terrorismo, una amenaza a la seguridad de cualquier país a menudo se convierte en una amenaza a la seguridad regional, indicaban los expertos en 2010.

En América Latina, el crimen organizado y el aumento de la violencia que lo acompaña amenazan la seguridad de los ciudadanos, y los gobiernos están teniendo dificultades para encontrar soluciones efectivas. Según datos de organismos multilaterales, América Latina y el Caribe es la región más violenta del mundo. «El número de homicidios por persona es cinco veces mayor que en América del Norte y diez veces más alto que en Asia», señalaban.

Para entender las dinámicas de estos grupos criminales, hay que asumir que estas organizaciones, en la mayoría de los casos, son inestables, volátiles y fragmentadas. Son numerosas y más difíciles de combatir. Esto ha tenido como consecuencia, por un lado, un aumento de la violencia y, por otro, la atomización de más grupos locales y regionales que buscan controlar territorios y traficar bienes ilícitos. Este fenómeno se extiende por todas las Américas, con distintos grados y alianzas, y con ramificaciones en otros continentes.

La «pabloescobarización»

Rodrigo Rivera Salazar, el exministro que estuvo al frente de la Defensa en Colombia, afirmaba que no le veía mucho futuro a una salida negociada con las guerrillas, especialmente con las FARC. El ministro de Defensa alertaba por una posible «pabloescobarización» en la etapa final del conflicto, según explicaba en una disertación ante diplomáticos de la región en 2011.

«Están utilizando el terrorismo de cualquier manera para atentar contra la población civil», afirmaba el integrante del gobierno del entonces presidente Juan Manuel Santos.

Rivera Salazar aseguraba que esta forma de reaccionar de las FARC obedecía a las operaciones que se llevaban adelante en todo el territorio por parte de las fuerzas de seguridad. En 2011 se había logrado neutralizar a 186 guerrilleros en el Caquetá, entre ellos, 57 de la Columna Móvil Teófilo Forero, indicaban los informes oficiales. Además, en los departamentos de Putumayo y Caquetá se habían incautado 12 toneladas de explosivos, 3570 minas antipersonales y 27 kilómetros de cordón detonante, lo que había ocasionado «desesperación» en la organización guerrillera.

La llamada Política Integral de Seguridad y Defensa para la Prosperidad reunía las estrategias del Ejecutivo del expresidente Juan Manuel Santos, que sucedió a Álvaro Uribe (2002-2010), de quien fue ministro de Defensa en gran parte de su segundo mandato.

El ministro hizo la presentación pública de la política de seguridad y defensa del Ejecutivo ante un auditorio de militares y diplomáticos de varios países de la región. «Nuestra determinación en este propósito concreto es acabar con esa violencia y, por supuesto, acabar con esa violencia es acabar con esas estructuras narcoterroristas», subrayaba el ministro Rivera.

El logro final será el de liberar a los cerca de 68 municipios colombianos (el 6 % del total) que el actual gobierno recibió como «zonas rojas», es decir, con presencia o influencia de los grupos armados ilegales, expresaba el jerarca.

En el país seguían activas las FARC y el ELN, así como bandas criminales (Bacrim) de origen paramilitar, al servicio de narcotraficantes, creadas tras la disolución de las Autodefensas Unidas de Colombia (AUC, ultraderechistas).

Tras el fin de la violencia, las 68 municipalidades en «zonas rojas» pasarán a la condición de «zonas amarillas», con la creación de «condiciones suficientes para la gobernabilidad democrática», y después a la de «zonas verdes», de consolidación, con «condiciones óptimas de seguridad para la prosperidad», según señalaba el documento oficial.

El ministro Rivera afirmaba que existen «múltiples historias de éxito» en algunas regiones del país derivadas de la política de seguridad democrática del gobierno de Álvaro Uribe y que de ellas se pueden «sacar lecciones inspiradoras, susceptibles de ser extendidas al resto del territorio nacional» para salir de la «pesadilla del narcoterrorismo».

En este contexto, subrayaba que el gobierno de Santos tomó como base los logros de los dos mandatos consecutivos de Uribe para «sacar de allí las lecciones que merecían recibir continuidad e intensificar operaciones en cantidad y en calidad».

En esta etapa final, las fuerzas de seguridad deberán entrar a los territorios de conflicto no para quedarse en la selva, sino en los lugares de asentamiento de la gente, «para poder derrotar a estos grupos violentos y narcoterroristas», sostenía el ministro de Defensa.

«Hay que entender que estos grupos combinan todas las formas de lucha: atacan con carros bombas y comunicados. Es la historia que hemos visto siempre: cuando se ven acosados lanzan operaciones de distracción. No hay que responder a las palabritas de paz de las FARC, hay que arreciar. No vamos a cometer otra vez el mismo error», aseguraba Rivera en la prensa colombiana.

Sin embargo, hoy el conflicto armado en Colombia continúa y ha crecido. Grupos de disidentes de las FARC, el ELN, las Autodefensas Gaitanistas, el Clan del Golfo, entre otras organizaciones criminales al margen de la ley, siguen en armas contra el Estado colombiano. No son pocos los que reclaman negociar, pero al mismo tiempo combatir a los grupos criminales ilegales para no cometer errores del pasado en el camino de la ansiada paz.

Se borraron las fronteras ideológicas

El narcotráfico envenenó a las FARC. El diagnóstico fue hecho por el entonces comandante de las Fuerzas Armadas colombianas, el almirante Edgar Cely, quien señalaba que la concentración en actividades relacionadas con el narcotráfico había fracturado seriamente la estructura de la organización guerrillera izquierdista. Como muestra de que su comportamiento es el de una banda criminal, mencionaba el hecho de que en el Pacífico estuvieran dedicados a mantener los corredores de movilidad de la droga que sale por esa zona con destino a Estados Unidos y Europa.

«El narcotráfico envenenó a las FARC; no tiene nada de raro que se conviertan en una pequeña banda de narcotraficantes buscando la salida de la coca por el Pacífico», advertía Cely.

«Las FARC no están acabadas, pero sí bastante debilitadas, y por eso están actuando últimamente en grupos pequeños para tener un impacto que les permita de alguna manera mantener el régimen del terror», explicaba el almirante colombiano.

El gobierno colombiano sostenía que las nuevas bandas criminales —consideradas grupos sin ideología conformados por antiguos paramilitares de ultraderecha que en algunos casos se habían aliado con la guerrilla de las FARC— constituían la mayor amenaza para el país.

«Este fenómeno representa un desafío», decía el entonces ministro colombiano de Defensa, Rodrigo Rivera. El director de la Policía, general Óscar Naranjo, advertía por esos años que esos grupos «representan la mayor amenaza a la seguridad de los colombianos».

Estas bandas operaban en 152 de los 1103 municipios del país, y la lucha contra ellas fue la más alta prioridad para las autoridades del gobierno del entonces presidente Juan Manuel Santos.

El exministro Rivera revelaba que esas organizaciones narcoterroristas se habían aliado «al más alto nivel de mando con la guerrilla de las FARC, y que en otros casos actúan por su cuenta. Allí donde se sienten afectadas tienden a buscar alianzas para enfrentar la ofensiva del Estado», declaraba tras considerar que estas bandas representan un «desafío mayúsculo a las fuerzas de seguridad».

«Estas bandas criminales son el resultado de una alianza diabólica entre antiguos paramilitares, gente vinculada a la criminalidad organizada al servicio del narcotráfico, antiguos guerrilleros y, duele decirlo, algunos exmilitares y policías», señalaba el entonces vicepresidente, el sindicalista Angelino Garzón, que también ocupó la vicepresidencia colombiana.

«Tenemos conocimiento de que en muchas regiones del país la guerrilla ha tratado de volver con la ayuda de las bandas criminales porque tienen un punto en común: el negocio del narcotráfico. Aquí ya se borraron las fronteras ideológicas entre los grupos armados ilegales», enfatizaba Garzón.

Debido a esas alianzas, se observaba un transitorio fortalecimiento de estos grupos, reconocía por su parte el entonces ministro de Defensa, aunque consideraba que podría tratarse más de «un coletazo final» en medio de la política de seguridad iniciada por el expresidente Álvaro Uribe y que llevaba adelante su sucesor, el entonces presidente Santos. Esa política estuvo dirigida a golpear especialmente a las FARC, la principal guerrilla del país, con décadas de lucha armada contra el Estado, y un estimado en esos años de entre 9000 y 11 000 combatientes.

El expresidente Juan Manuel Santos aseguraba que su gobierno no se había cerrado a una posibilidad de diálogo con las FARC, siempre y cuando estas demostraran su intención de colaborar con la paz en el país. Así lo decía el jefe de Estado durante una entrevista al diario *Le Figaró*, en la que además afirmaba que las FARC habían mentido varias veces sobre sus intenciones de negociación, y que, según el mandatario, no se les veía voluntad de cambio.

«Si abandonan su comportamiento terrorista, no estamos cerrados a negociaciones de paz. Tienen que pasar de las palabras a los actos, por ejemplo, liberando a todos los secuestrados», sostenía el presidente.

El entonces general Óscar Naranjo, director de la Policía, afirmaba que el sometimiento de esos grupos criminales integrados por las FARC era un «imperativo». De no hacerlo, se podían crear estructuras que realmente desafiaran al Estado, agregaba el jefe policial en referencia a una ola de crímenes y atentados, en especial en el norteño departamento de Córdoba, atribuidos a estas bandas.

En 2010 se registraron una veintena de masacres —homicidios con un mínimo de cuatro víctimas—, 14 de ellas cometidas por estas bandas criminales.

Dentro de la estrategia para combatir a estas bandas en las ciudades, el ministro Rivera anunciaba el despliegue de unos 20 000 policías adicionales, «repartidos por cuadrantes».

«Es el modelo del policía de la esquina», explicaba el ministro. Las bandas criminales estaban en 16 de los 32 departamentos del país y se financiaban del narcotráfico principalmente, según señalaba el entonces presidente Juan Manuel Santos.

Pese a que finalmente el gobierno del entonces presidente Santos lograba un acuerdo de paz con la histórica guerrilla de las

FARC en 2016, la violencia no ha cesado en ese país. Muchos de los guerrilleros no aceptaron el acuerdo y algunos que lo firmaron volvieron a combatir en la selva. Hoy, los grupos armados al margen de la ley siguen en guerra contra la sociedad colombiana y el Estado, al tiempo que se dedican a traficar drogas, a la minería ilegal o a los secuestros extorsivos.

El gobierno colombiano del izquierdista Gustavo Petro busca la Paz Total con grupos guerrilleros, paramilitares y narcotraficantes, pero en el tablero de negociación y en las condiciones de seguridad de esa nación, la partida la van ganando los grupos armados, afirmaba la Fundación Ideas para la Paz.

Las organizaciones narcoterroristas se vieron fortalecidas. Se reorganizaron y armaron mientras negociaban con el gobierno, con el consiguiente control de importantes zonas del país.

Los grupos armados se han fortalecido en ciertas zonas del país y las disputas que tienen entre ellos por el control territorial han aumentado de manera significativa. Los enfrentamientos entre grupos crecieron 54 %, explicaba la institución colombiana.

En las zonas bajo el control de los grupos armados está en entredicho el monopolio de la fuerza, la justicia, los servicios y hasta la tributación. Hay un repliegue del Estado y la población está bajo la amenaza de esos grupos armados. El Estado Mayor Central (EMC), uno de los grupos de la disidencia de las FARC, tiene injerencia y control en zonas en Meta, Guaviare y Caquetá. El Clan del Golfo controla territorios en Córdoba, el Urabá y gran parte de Chocó. El ELN aún posee un fuerte dominio sobre Arauca y en otras zonas del otro lado de la frontera con Venezuela.

En la actualidad se incrementaron las zonas de disputa. Las acciones del gobierno no han tenido efectos positivos en zonas que concentran enfrentamientos entre el EMC-FARC y el ELN en Arauca y Cauca; enfrentamientos entre el EMC-FARC en alianza con el ELN contra el Clan del Golfo en el Bajo Cauca y el sur de Bolívar; disputas entre el ELN y el Clan del Golfo en el sur del Chocó y el norte de Buenaventura; y disputas entre las dos facciones de disidencias de las FARC en Nariño, explicaba la organización civil.

Hay alianzas tácticas entre grupos para expandirse territorialmente o contener el avance de un actor determinado. Así ocurre en el norte de Antioquia y sur de Bolívar, con la asociación entre el EMC-FARC y el ELN para contener el avance del Clan del Golfo. También en Nariño, donde recientemente se hizo pública la alianza entre la Segunda Marquetalia (disidentes de las FARC) y el ELN para debilitar al EMC-FARC, indicaba el estudio de la organización Fundación Ideas para la Paz.

Las alianzas narcoterroristas son tan heterodoxas que también implican a las comunidades originarias. En el Senado colombiano, una dirigente de un Cabildo indígena independiente denunció un pacto entre las FARC y el Consejo Regional Indígena del Cauca (CRIC) firmado en 1989. «La guardia indígena está convertida en un grupo armado que en el día lleva sus atuendos y en la noche cargan sus fusiles», denunció la abogada Diana Perafán, miembro de una de las comunidades indígenas de Colombia.

La abogada, que ha sido amenazada de muerte, reveló en la cadena radial RCN que hay dirigentes indígenas que históricamente mantienen relaciones con grupos armados ilegales, como la guerrilla y los cárteles de la droga. El control de las tierras fue el motivo de la alianza con la guerrilla, y su utilización para las economías ilegales fue el objetivo.

Por otra parte, Salvatore Mancuso, el exjefe paramilitar colombiano, salió de prisión luego de que la Justicia colombiana le concediera la libertad tras ser deportado desde Estados Unidos luego de cumplir una condena por narcotráfico. El exjefe de las paramilitares ultraderechistas Autodefensas Unidas de Colombia (AUC) recibió la libertad condicional y salió de la cárcel bogotana de La Picota. Mancuso es acusado por miles de crímenes como líder de las AUC en Colombia.

Sin embargo, el presidente Gustavo Petro (exintegrante de la guerrilla del M-19) lo nombró como «gestor de paz» ante el asombro y las críticas de muchos, para, entre otras cosas, contribuir «con su conocimiento y experiencia al diseño de programas de desarme colectivo de los grupos ilegales». Mancuso señalaba en sus primeras declaraciones tras ser liberado que aceptaba la invitación del presidente Petro para reunirse con él en la Casa de Nariño.

El exjefe de las autodefensas Salvatore Mancuso revelaba también que le pidió permiso al presidente Nicolás Maduro para poder avanzar en la ubicación y recuperación de centenares de restos de víctimas desaparecidas del paramilitarismo que estarían enterrados en territorio venezolano.

La Unidad de Búsqueda de Personas Desaparecidas (UBPD) de Colombia, que se creó en virtud de los Acuerdos de Paz de La Habana para resolver las desapariciones ocurridas entre 1948 y 2016, denunció la desaparición de 104 602 personas, de las cuales 89 702 seguían desaparecidas en marzo de 2023. Mientras tanto, los combates, asesinatos, toma y control de territorios, secuestros, extorsiones y desapariciones se denuncian a diario en todo el territorio colombiano.

Ya nadie puede sorprenderse de la sinergia entre las organizaciones armadas al margen de la ley y de las nefastas consecuencias para la sociedad civil. El macabro pragmatismo guía a las organizaciones criminales.

Política, guerrilla y narcotraficantes

La política, la guerrilla y el narcotráfico han llevado adelante desde hace décadas, y sin dudarlo, alianzas estratégicas y tácticas en función de sus objetivos. Partidos y organizaciones han sido parte de este entramado; la petrodiplomacia y las valijas con dinero de origen dudoso son utilizados, al igual que el dinero del narcotráfico, para solventar campañas electorales, sostener regímenes o exportar modelos ideológicos. Cuba, Nicaragua y Venezuela, con el beneplácito de algunos gobiernos populistas, han sido históricamente relevantes a la hora de patrocinar operaciones ilegales.

Los hombres de la dictadura cubana de Fidel y Raúl Castro —guerrilleros, espías y funcionarios— actuaron en América Latina, África, Europa e incluso en Estados Unidos. Así lo revelaban en 1996 Jorge Masetti, exagente de inteligencia cubano, e Ileana de la Guardia, hija del coronel cubano Antonio de la Guardia, ejecutado en 1989 en la isla, en el libro *La Cuba disidente*.

«Una de nuestras consignas era hacer de la cordillera de los Andes la Sierra Maestra de América Latina, donde, primero, hubiéramos fusilado a los militares, después a los opositores, y luego a los compañeros que se opusieran a nuestro autoritarismo», y para ello se valieron de todo, reveló en libros y entrevistas. «Cuba utilizó la ruta del narcotráfico para enviar armas a Colombia y a cambio le pagaron con favores: por ejemplo, muchos de ellos traen las drogas vía Cuba», afirmaba el exagente de inteligencia cubano.

El excomandante «Benigno», uno de los hombres que combatió con Ernesto «Che» Guevara en América Latina, también reconocía, tras exiliarse, la injerencia de Cuba y el tráfico de armas para implantar regímenes socialistas. El fallecido Dariel Alarcón Ramírez, en una visita a Montevideo, recordaba que en el Chile del expresidente socialista Salvador Allende, los que mandaban eran prácticamente los cubanos, el Departamento América de Cuba y Tropas Especiales.

Masetti, hijo del guerrillero argentino del Ejército Revolucionario del Pueblo (ERP) Jorge Ricardo Masetti, relató sus experiencias guerrilleras y de inteligencia al servicio de la dictadura de Cuba en países tan diversos como su natal Argentina, Chile, Colombia, El Salvador, Nicaragua, Italia, México, España y Angola. Participó en operaciones con la guerrilla guatemalteca, con el izquierdista Movimiento de Izquierda Revolucionario (MIR) de Chile, intervino en la falsificación de dólares junto con la guerrilla colombiana del M-19, entre otros hechos.

El exagente de la dictadura castrista afirmaba también en el libro *La Cuba disidente* que le pidieron que falsificaran yenes japoneses y marcos alemanes porque eran más fáciles de colocar en el mercado internacional.

El uso de la embajada cubana en México para el traslado de explosivos de la guerrilla guatemalteca y el paso por esa sede diplomática del dinero robado a una sucursal del banco Wells Fargo en Estados Unidos por el grupo independentista puertorriqueño Macheteros, así como los planes de Fidel Castro de volar el globo de transmisiones a Cuba de Televisión Martí y el asesinato del exdictador nicaragüense Anastasio Somoza, no son más que pasajes de una larga trayectoria subversiva, vivida en unos casos y observada en otros. Conocido en la jerga como MC (Departamentos de Moneda Convertible), este departamento de la dictadura cubana se encargaba de operaciones para falsificar dinero, contrabando y tráfico de marfil desde África y narcotráfico.

«Caigo en la cuenta de que la revolución ha sido un pretexto para cometer las peores atrocidades quitándoles todo vestigio de culpabilidad», afirmaba Masetti. Las afirmaciones del exagente de la inteligencia cubana coinciden con las del condenado narcotraficante colombiano Carlos Lehder. Los regímenes socialistas de los hermanos Castro y del sandinista Daniel Ortega hicieron negocios con el poderoso cártel de Medellín que lideraba Pablo Escobar, afirmaba el narcotraficante colombiano.

Extraditado en 1987 a Estados Unidos, Lehder reveló en el libro *Vida y muerte del cártel de Medellín* las conexiones y crímenes de esa organización que llegó a ser la mayor exportadora de cocaína del mundo. El colomboalemán era uno de sus cabecillas junto a Escobar, abatido en 1993, y fue condenado a cadena perpetua, pero en 2020 fue trasladado a Alemania tras colaborar con la justicia estadounidense. En una entrevista con la emisora *La W* describió negocios que sostuvo el cártel con el régimen comunista de los Castro en Cuba para permitir que aviones cargados de droga aterrizaran en la isla.

«Yo contraté con el gobierno cubano autorizado por Pablo (Escobar) y por Gustavo (Gaviria), el primo de Pablo, (...) para transportar cocaína hacia las Bahamas», dijo. «Yo no hubiese podido ingresar a Cuba en mi propio avión (...) sin el permiso, sin la venia de Fidel Castro mismo», relataba.

Allí asegura que llegó a acuerdos con el coronel Antonio de la Guardia, entonces jefe de la Corporación de Importadores y Exportadores (Cimex) de Cuba, para utilizar pistas de aterrizaje, con autorización de «sus superiores».

«Allí llegaban los aviones cargados de coca desde laboratorios del Amazonas, al igual que aviones procedentes de la zona de Santa Cruz, Bolivia». En su libro narra que tuvo un encuentro con Fidel Castro en La Habana.

Lehder también revelaba detalles sobre la poco conocida relación con los dictadores sandinistas que gobiernan Nicaragua bajo las órdenes de Daniel Ortega.

El exnarcotraficante señalaba que en 1984 se refugió en Managua mientras huía de las autoridades y estableció acuerdos con el fallecido comandante sandinista y exministro del Interior Tomás Borge, quien llegó a ser vinculado por la DEA con una red de narcotráfico, y su asistente Federico Vaughan.

«Vaughan fue muy claro en que el régimen sandinista estaba dispuesto a permitirle al cártel la utilización de unas pistas de aterrizaje para transportar cocaína sudamericana hacia México a cambio de varios millones de dólares en efectivo», relataba Lehder en su libro y en entrevistas concedidas a medios de prensa.

Por otra parte, John Jairo Velásquez, más conocido como «Popeye», sicario y hombre de confianza del líder del Cártel de Medellín, Pablo Escobar, en su libro *El verdadero Pablo*, también reveló detalles del vínculo que tuvo el régimen castrista con el tráfico de drogas a través de Cuba.

Velásquez detalló que la operación duró unos dos años y fue conducida «por los militares cubanos al mando del general Arnaldo Ochoa y el oficial coronel Tony de la Guardia, bajo instrucciones directas de Raúl Castro». Cuando Estados Unidos detectó la operación para traficar drogas y antes de que lo denunciara internacionalmente, el régimen castrista se adelantó y fusiló a sus dos jefes militares, el general Ochoa y el coronel de la Guardia. También fusiló al mayor Amado Padrón Trujillo y al capitán Jorge Martínez Valdés.

Otras seis personas vinculadas al general Ochoa, entre los que se encontraban el general Patricio de la Guardia y el ministro de Transporte Diocles Torralba, fueron condenadas a penas de prisión. El exministro del Interior José Abrantes, jefe de la escolta de Fidel Castro por 30 años, también fue encarcelado y murió misteriosamente en una prisión castrista.

En cada vuelo se transportaban entre 10 000 y 12 000 kilogramos de cocaína, lo que le permitió a Escobar multiplicar significativamente sus ganancias, confesaba el sicario del cártel colombiano de Medellín. «Esta ruta llenó las arcas del Patrón (como se lo conocía a Escobar), quien se encontraba ilíquido al comenzar los negocios con los cubanos, pues la guerra con el Estado colombiano (para evitar la extradición) le había demandado muchos recursos».

Jorge Avendaño, apodado «el Cocodrilo», fue quien hizo el nexo entre Escobar y Fidel a través del hermano del dictador, Raúl. Pablo Escobar y Fidel Castro sostenían permanente y fluida comunicación por cartas y terceras personas, según comentó «Popeye» en su libro.

«Los cubanos reciben 2000 dólares por cada kilo de droga transportada y 200 dólares por cada kilo custodiado», revelaba. Reconoció que «la ruta cayó cuando se destapó todo el escándalo, al caer un gran cargamento decomisado por la DEA proveniente de Cuba, y varios cubanos detenidos confesaron, delatando la operación».

La dictadura chavista de Venezuela también ha sido acusada en la Justicia de Estados Unidos por el tráfico de drogas. El Cártel de los Soles, una organización narcotraficante, llevaría más de

20 años «facilitando la importación de cocaína hacia Estados Unidos». La acusación definía al cártel como una «organización de tráfico de drogas compuesta por altos oficiales venezolanos».

«No es un cártel, es un grupo de círculos o redes dentro del régimen chavista que facilitan, protegen o participan en el narcotráfico», afirmaba en BBC Mundo Jeremy McDermott, co-director y cofundador de Insight Crime, un centro de investigación sobre crimen organizado en América Latina y el Caribe.

«La diferencia en Venezuela, comparado con México y Colombia, es que dentro de Venezuela un buen porcentaje del negocio está manejado desde dentro del Estado», agregaba McDermott, quien afirmaba que la etiqueta sirve para describir «elementos corruptos» dentro del Estado. Insight Crime define al cártel en algunos de sus informes como una organización «nebulosa».

Incluso antes de la llegada de Hugo Chávez al poder en Venezuela en 1999, se habla de este cártel. El nombre de los Soles es en alusión a las estrellas que llevan los generales en sus uniformes venezolanos. El papel del Ejército en Venezuela ha ido creciendo en los últimos años, tras el recorte de las libertades y por la crisis económica del país; ha pasado a tomar el control de diversos sectores de la economía, incluidos la importación y distribución de alimentos.

«Venezuela es uno de los principales países de tránsito de cocaína no solo hacia Estados Unidos sino hacia Europa y Brasil. La escala de la cocaína pasando por Venezuela es gigantesca», expresaba el experto.

En su informe de 2019, la Junta Internacional de Fiscalización de Estupefacientes (JIFE), organismo enmarcado en Naciones Unidas y encargado de vigilar la aplicación de los tratados de fiscalización internacional de drogas, menciona al Cártel de los Soles en el tráfico de estupefacientes. «Hay indicios de que, en la República Bolivariana de Venezuela, los grupos delictivos han logrado infiltrarse en las fuerzas de seguridad gubernamentales y han creado una red informal conocida como el Cártel de los Soles para facilitar la entrada y salida de drogas ilegales», se lee en el reporte de la JIFE publicado el 27 de febrero de 2020.

El exgeneral Clíver Alcalá fue uno de los líderes del cártel en algún momento entre 1999 y 2020, según las denuncias en Estados Unidos. El exjefe de la inteligencia de Venezuela Alcalá, exgeneral cercano a Hugo Chávez que luego rompió con el dictador Nicolás Maduro, habló sobre el cártel en una entrevista con la BBC en 2016.

«Deben existir cárteles», afirmaba Alcalá. «Siempre lo han atribuido a aquellos militares que violaron su juramento a la patria. De que existe una estructura que permite que la droga pase a Colombia, pase por Venezuela y llegue a Europa y Estados Unidos, existe. Las evidencias están cuando la droga llega a esos lugares», le decía a la BBC.

En una entrevista concedida al diario *The New York Times* y publicada en 2019, el exmayor general del Ejército Hugo Carvajal Barrios, conocido con el alias de «El Pollo», relataba algunos episodios sobre narcotráfico, terrorismo y actividades con la guerrilla en Venezuela. Los protagonistas de esas historias eran los entonces Ministro de Relaciones Interiores y Justicia, Néstor Reverol; el exvicepresidente de la República, Tareck El Aissami; el narcotraficante Walid Makled; las FARC; el islamista pro iraní Hezbolá; y el propio presidente Nicolás Maduro, recordaban los analistas de Insight Crime.

Los vínculos del narcotráfico con la dictadura chavista son de larga data y eran una política oficial. Todos los grupos armados operaban en los dos lados de la frontera colombovenezolana. Los contactos —para el tráfico de drogas— entre la fallecida exsenadora izquierdista colombiana Piedad Córdoba, el empresario colombovenezolano Alex Saab (hoy hombre del círculo de Maduro) y los jefes guerrilleros Jesús Santrich (fallecido en Venezuela) e Iván Márquez de las FARC, con Hugo Chávez, fueron hechos investigados y denunciados en la justicia tras confesiones de militares que integraron el Cártel de los Soles.

Las operaciones de narcotráfico se llevaban adelante con modernos aviones jets con matrícula estadounidense y aeronaves procedentes de aeropuertos brasileños. Los cargamentos, por vuelo, eran de una tonelada y media, por un valor de 64 millones de dólares. Las rutas pasaban por Colombia, Venezuela, México y los países del Caribe.

«Durante una reunión con funcionarios, Chávez instó al grupo, en sustancia y en parte, a promover sus objetivos de política, incluido el combate a los Estados Unidos al "inundar" el país con cocaína», afirmaba en una declaración el exjuez de la corte suprema identificado como Eladio Aponte, quien huyó a los EUA en 2012 y ha sido testigo de casos de drogas, revelaba *The Wall Street Journal*.

Otros hechos también vincularon a la dictadura venezolana con el narcotráfico. Los sobrinos de Cilia Flores, la esposa de Maduro, fueron arrestados en 2015 y sentenciados en 2017 en Estados Unidos. Pero posteriormente, el presidente Joe Biden perdonó y permitió la liberación de Efraín Antonio Campo Flores y Franqui Francisco Flores de Freitas, familiares del dictador Nicolás Maduro, a cambio de siete estadounidenses encarcelados en Venezuela. Los sobrinos de la primera dama venezolana, Cilia Flores, habían sido condenados en diciembre de 2017 en una corte de Nueva York a cumplir 18 años de cárcel por narcotráfico.

También la colaboración entre la guerrilla izquierdista del M-19, que integró el presidente Gustavo Petro, y los cárteles del narcotráfico fue denunciada en Colombia. «Entre 1984 y 1985, miembros de la dirección del M-19 se reunieron en Medellín con Pablo Escobar, recibieron dinero de ese cártel y realizaron acciones criminales conjuntas, actitud que no fue compartida por otros integrantes del grupo subversivo», se lee en uno de los informes sobre la historia reciente.

El relato revela que los lazos entre ambas organizaciones armadas y al margen de la ley se fueron estrechando, y llegaron a tal punto que Iván Marino Ospina, representante del grupo guerrillero para negociar con la organización de narcotraficantes, encontró puntos en común con Pablo Escobar y hasta se unió a la campaña criminal de entonces: «por cada colombiano extraditado, un estadounidense muerto».

La principal evidencia para vincular a ambas organizaciones es un pacto que habrían firmado el M-19 y el cártel de Medellín en 1984, cuando ambos grupos eran perseguidos por el gobierno del presidente Belisario Betancur. Según este acuerdo, que fue revelado en el libro *En secreto*, el M-19 se comprometía a proteger a Escobar y a otros narcos de la extradición a Estados Unidos a cambio de financiamiento y armas.

El pacto también incluía la entrega por parte del M-19 de la espada de Simón Bolívar, que habían robado del Museo Quinta de Bolívar en Bogotá en 1974, como un gesto simbólico de alianza. Según algunos investigadores, la espada habría pasado tras su robo por las manos del jefe narco Pablo Escobar y posteriormente habría llegado a manos de los Castro en Cuba. Finalmente, el 31 de enero de 1991, en una ceremonia en la Quinta de Bolívar de Bogotá, el M-19 devolvió la espada de Simón Bolívar.

Otros testimonios han confirmado la existencia del pacto y la complicidad entre el M-19 y Pablo Escobar. Uno de ellos es el del exjefe paramilitar Carlos Castaño, quien en su libro *Mi confesión* afirmó que él mismo fue testigo de la firma del acuerdo en una finca de Escobar. Otro es el del exsicario John Jairo Velásquez, alias «Popeye», quien en varias entrevistas ha dicho que Escobar financió al M-19 y que incluso les entregó un helicóptero para facilitar sus operaciones.

Cuando Escobar se enteró de que el M-19 planeaba tomar el Palacio de Justicia, decidió financiar la operación para que los terroristas, una vez dentro, quemaran los documentos con los que la Corte Suprema de Justicia pensaba extraditarle a EUA «El plan 'A' era que se metieran en el Senado, no en el Palacio, porque era allí donde Betancur iba a pelear la extradición. El plan 'B' era matar la mayor cantidad de magistrados y quemar los expedientes, que fue el que finalmente se llevó a cabo», confesó el sicario «Popeye», la mano derecha de Escobar, a la revista *Semana*.

El Gobierno de Xiomara Castro, que se define como «socialista y democrático», se ha visto también sacudido por la divulgación de un video de 2013 que muestra a su cuñado, Carlos Zelaya, negociando con narcotraficantes el apoyo para la campaña del ahora oficialista Partido Libertad y Refundación (Libre), según difundió la agencia española EFE.

El centro de estudio InSight Crime divulgó un video que muestra a narcotraficantes negociando sobornos con Carlos

Zelaya, hermano del expresidente hondureño Manuel Zelaya y cuñado de Castro. En él se menciona a la hoy presidenta, así como a su esposo y asesor, Manuel Zelaya, quien también es coordinador general del Partido Libre. El video fue grabado con una cámara oculta en el reloj de Devis Leonel Rivera Maradiaga, uno de los exlíderes del cártel Los Cachiros, y entregado a la DEA en diciembre de 2013.

En la grabación se escucha a Rivera proponiendo un soborno al partido, a lo que Carlos Zelaya responde que «la mitad debe ir para "el comandante"», refiriéndose al expresidente Zelaya. Después de anular el tratado de extradición con EUA, Carlos Zelaya se presentó a la Fiscalía y admitió haber tenido una reunión en 2013 con narcotraficantes, quienes le ofrecieron financiamiento para la campaña del ahora oficialista Partido Libre. Reconociendo el video del encuentro, Carlos Zelaya renunció como diputado y secretario del Parlamento. Esta situación llevó a su hijo, José Manuel Zelaya, a renunciar como ministro de Defensa, tras la revelación de InSight Crime.

Para asaltar el poder, para aferrarse a él o para exportar modelos ideológicos mesiánicos, el fin justifica los medios. Y entre los medios, el narcoterrorismo es uno de ellos.

Un ejército de niños

Unos 35 000 niños fueron reclutados por bandas del narcotráfico mexicano en los últimos cuatro años, según un informe de organizaciones civiles entregado a Naciones Unidas en 2010. De acuerdo con el documento, los cárteles utilizan a niños y adolescentes en toda la línea de producción y tráfico de drogas. El reclutamiento de niños y adolescentes se explicaba, en parte, porque los menores de 14 años tenían inmunidad constitucional para no responder penalmente por sus actos, aunque hayan asesinado, secuestrado o torturado, sostenían expertos mexicanos.

El estudio, realizado por 96 organizaciones sociales, indicaba que los cárteles de narcotraficantes reclutaban a niños de entre 12 y 15 años y sostenía que, de diciembre de 2006 a octubre de 2010, murieron entre 1060 y 1200 de ellos en el marco de acciones de violencia.

El documento agregaba que, entre 2009 y 2010, se incrementó un 34 % el número de adolescentes arrestados por la policía acusados de los delitos de delincuencia organizada, porte de armas y narcotráfico. Según el informe presentado ante Naciones Unidas, los narcotraficantes reclutaban en promedio a 8700 niños cada año. La Red por los Derechos de la Infancia y un centenar de organizaciones para la protección de los niños, agrupadas en el Programa Infancia en Movimiento, sostenía que «en su mayoría estamos hablando de niños entre los 13 y los 17 años, pero cada vez está bajando más la edad».

«Hoy estamos viendo con preocupación, sobre todo en ciudades como Juárez, Reynosa y Matamoros, la transición de la deserción escolar entre primaria y secundaria, y eso te cuadra exactamente con cómo está reduciéndose la edad de reclutamiento. En Ciudad Juárez, por ejemplo, la edad de reclutamiento bajó en cinco años de entre 14 y 16 años a entre 12 y 14 años, según las estimaciones de las organizaciones de Juárez», alertaban expertos mexicanos. Los delitos cometidos por jóvenes iban también en aumento. Mientras en 2009 se contaban 3843 detenidos, un año después ya se sumaban 5602.

El secuestro es uno de los delitos que se había expandido y que también cometían los jóvenes. De 2007 a 2008, la Procuraduría de Justicia del Distrito Federal alertaba que había crecido un 289 % el número de jóvenes implicados en secuestros.

Los jóvenes también estaban involucrados en homicidios. Un alto porcentaje de asesinatos fue cometido por menores de edad: del total de homicidios cometidos ese año, el 32,59 % tuvo como responsables a personas entre los 18 y los 24 años, según las autoridades.

El robo se ubicaba en el primer lugar de la lista de delitos que cometían los adolescentes. El Instituto Mexicano de la Juventud señalaba que de los 45 593 menores de edad que realizaban actividades consideradas delictivas, en el 41 % de los casos cometieron un robo.

Pero hay estados como Sinaloa, donde la presencia delictiva de los jóvenes era alarmante. Un 72 % de la comisión de delitos que van del robo, asalto bancario, secuestro, homicidios, porte de armas y tráfico de drogas, estaba protagonizada por jóvenes de entre 18 y 29 años de edad, según la Secretaría de Seguridad Pública.

Los jóvenes que ingresaban en las redes de narcotraficantes en México a menudo salían de centros de desintoxicación de drogas ilegales. Esos centros eran utilizados por los cárteles para reclutamiento, de acuerdo con un reportaje en *The Washington Post*.

Los narcoterroristas buscaban reclutas para reemplazar a los miles de miembros asesinados o arrestados en la guerra contra las drogas, reportaban las autoridades de México. Entre 2008 y 2009, en Ciudad Juárez murieron 134 niños a causa de violencia relacionada con las drogas —asesinos y víctimas—, señalaba el reportaje. Los niños también se convertían en víctimas de otra manera. Por ejemplo, el consumo crónico de drogas en México se duplicaba entre 2002 y 2009, y las tasas de adicción de más rápido crecimiento se observaban en jóvenes de entre 12 y 17 años, reportaba *The Washington Post*.

Cientos de niños, desde los 12 años de edad, fueron arrestados al intentar ingresar ilegalmente a los Estados Unidos en 2009, acusados de narcotráfico. «Arriesgan su futuro por un iPod», expresaba Joe García, un agente de Inmigración y Control de Aduanas en San Diego, a *The Washington Post*. «Hay un suministro casi inagotable de adolescentes», señalaba.

Estos niños crecen sumidos en la pobreza, sin educación ni trabajo, y rodeados de poderosas organizaciones criminales que controlan las ciudades con violencia, intimidación y manipulación. Algunos jóvenes mexicanos creen que la única opción viable para sobrevivir es unirse a organizaciones narcotraficantes.

«Pareciera que en algunas partes de este país, las únicas opciones para estos niños son emigrar a los Estados Unidos o convertirse en traficantes», comentaba Teresa Almada, directora del Centro de Asesoría y Promoción Juvenil en Juárez, a *The Washington Post*. Varios expertos mexicanos habían señalado que hasta siete millones de jóvenes en ese país son vulnerables al crimen organizado, porque no estudian ni trabajan.

La organización civil Red por los Derechos de la Infancia en México (Redim) calculaba en 2011 que había unos 30 000 menores al servicio de cárteles. El entonces designado ministro de Seguridad Pública, Alfonso Durazo, hablaba de 460 000. No hay cifras ciertas, pero todos coinciden en que van en aumento. También los grupos de autodefensa que combaten a los cárteles entrenan a niños y adolescentes. Lo cierto es que son un verdadero ejército al margen de la ley.

Por otra parte, también en el marco del conflicto armado en Colombia, las organizaciones guerrilleras y los grupos narcotraficantes cometen «graves violaciones» a la Convención sobre los Derechos del Niño, el Protocolo Facultativo relativo a la Participación de Niños en Conflictos Armados y las normas del Derecho Internacional Humanitario, señalaba la organización Coalición Española para acabar con la Utilización de Niños y Niñas Soldados, formada por Amnistía Internacional, Save the Children, Entreculturas, Alboan, Fundación El Compromiso y Servicio Jesuita a Refugiados.

Entre estas violaciones, la organización española destacaba el reclutamiento de niños, los homicidios y las mutilaciones, los actos graves de violencia sexual, el desplazamiento forzado, los secuestros, los ataques contra escuelas y hospitales, y la denegación del acceso humanitario.

Colombia era en 2010, después de Sudán, uno de los países del mundo con más desplazados internos, con tres millones, el 50 % de los cuales eran menores de edad, explicaban estas organizaciones humanitarias.

Tanto la ONU como el Tribunal Constitucional de Colombia han denunciado que el reclutamiento de niños por parte de los paramilitares y la guerrilla es generalizado. El Ministerio de Defensa estimaba en torno a 8000 el número de menores de edad participantes en actividades armadas. No obstante, las organizaciones no gubernamentales sostenían que la cifra podría ser mayor y llegar a unos 11 000 niños. La edad media de reclutamiento estaba entre 11 y 13 años, aunque se han registrado incorporaciones de pequeños con edades menores, indicaban datos de la Unicef.

Según la ONU, la guerrilla izquierdista de las FARC había reclutado por esos años a niños en trece departamentos de Colombia, especialmente entre las comunidades indígenas. Asimismo, tanto las FARC como el segundo grupo armado rebelde, el ELN, habían reclutado a niños en centros de estudios. Informes del Instituto Colombiano de Bienestar Familiar (ICBF) señalaban que 402 niños fueron rescatados de las FARC-EP, ELN y del EPR. Otros grupos armados, como las Autodefensas Campesinas Nueva Generación y el Ejército Revolucionario Popular Antiterrorista de Colombia y las Águilas Negras y Rastrojos, también tenían niños en sus filas.

El reclutamiento de niños y adolescentes ha mutado a lo largo del conflicto, de grupo armado guerrillero, paramilitar o narcotraficante a miembro de bandas criminales y viceversa, una retroalimentación del escenario de los conflictos armados. Las FARC reclutaban cada vez más menores para compensar el número de desertores o caídos entre sus filas, lo que conlleva un descenso de la edad media de reclutados hasta por debajo de los 12 años, un niño por familia y una leva forzosa, según estudios del gobierno.

Un informe de la Iglesia Católica denunciaba que más de 500 menores de zonas rurales de Meta, Guaviare, Putumayo, Caquetá, Arauca y Vaupés fueron reclutados a la fuerza por las FARC. Y la situación se repite en Nariño y Cauca, donde las autoridades sostenían que «están haciendo un ejército de niños», según declaraciones realizadas al diario *El Tiempo*. Estamos hablando de menores de 12 años y de una edad promedio de 11,8 años, indicaba la prensa colombiana.

«La guerrilla llega a las comunidades y pide un hijo por familia, y por eso a finales del año pasado el reclutamiento fue una de las principales causas de desplazamiento porque los padres no quieren que se lleven a sus niños», indicaba la Oficina del Alto Comisionado de Naciones Unidas para los Derechos Humanos de Colombia. Los niños eran obligados a desempeñar labores de ubicación de tropas regulares, armar y desarmar pistolas y revólveres, montar guardia en campamentos y combatir contra el Ejército, o realizar tareas de inteligencia en las ciudades.

El reclutamiento de niños no es nuevo, viene dándose en forma sistemática y masiva, pese a que es un crimen de guerra por el que los grupos armados podrían ser juzgados por el Tribunal Penal Internacional (TPI). Un informe de la ONG Codhes confirmaba que «el reclutamiento forzado está cambiando la dinámica del conflicto y los desplazados ahora temen represalias por no entregar a sus hijos a la guerra».

Además, según un informe de la Organización Internacional de las Migraciones, dirigido por la consultora Natalia Springer, «si antes la población desplazada era la que usualmente servía a los grupos armados porque les quitaban a los niños para sus propósitos, ahora tenemos el efecto contrario: desplazados huyendo para evitar que se lleven a sus niños».

En el marco de las violaciones generalizadas a los Derechos Humanos de los menores de edad en Colombia, destacaban también los casos de violencia sexual, una práctica «habitual, extendida, sistemática», denunciaba el Tribunal Constitucional de Colombia. En ocasiones, según la organización española humanitaria, las niñas reclutadas son obligadas a prestar servicios sexuales. «Si se quedan embarazadas, son castigadas y se les obliga a abortar», denunciaba.

La Fiscalía General de Colombia había investigado 183 casos de mujeres y niñas víctimas de violencia sexual en 2010. Más del 31 % de ellas habían quedado embarazadas y habían abortado durante el periodo en que estuvieron vinculadas a los grupos armados. Un 40 % de estas, según la organización, había sufrido el embarazo entre los 11 y los 14 años de edad, a manos de los narcoterroristas, que apelan a ejércitos de niños.

Hoy en Colombia, mientras el gobierno negocia con las guerrillas del ELN, con las disidencias de las FARC y con bandas y grupos de narcotraficantes, estos siguen secuestrando y reclutando forzadamente a niños para la guerra, o como escudos humanos para protegerse en los combates con las fuerzas del Estado.

Según la Defensoría del Pueblo, 184 niños, de entre 9 y 17 años, fueron víctimas de reclutamiento forzado en Colombia en 2023. El 68,4 % son de comunidades indígenas, uno de los grupos más vulnerables de la población que está en zonas de conflicto armado. En lo que va de 2024, se han registrado centenares de desapariciones y muchos de ellos son niños y adolescentes. Los grupos armados al margen de la ley siguen siendo los principales responsables.

Escudos humanos

«Yo me iba a ir por voluntad propia, nadie me exigía. Mi compañera me dijo que allá nos dan de todo, nos dan dinero y muchas cosas», afirmaba en una entrevista con el diario *El Universo*, de Guayaquil. «Pero ya no quiero saber nada de las FARC», añadía la joven cuyo nombre no fue revelado, y quien era compañera de dos adolescentes que murieron a mediados de noviembre de 2010 en un bombardeo de las fuerzas militares colombianas a un campamento guerrillero en el departamento de Nariño, en el sur de Colombia, muy cerca de la frontera con Ecuador.

El entonces comandante de las Fuerzas Armadas de Ecuador, Gral. Ernesto González, también sostenía que las FARC estaban reclutando a menores de edad ecuatorianos. El general González aseguraba que hay varias denuncias en ese sentido. Al parecer, los menores eran llevados al otro lado de la frontera para enrolarlos en las filas de las FARC, sostenía el jefe militar. Las redes logísticas de la guerrilla operaban en ambos lados de la porosa frontera utilizada por narcoterroristas.

El tema no es nuevo, aunque es difícil saber con exactitud cuántos menores son reclutados por la guerrilla. De 2002 a febrero de 2010, unos 7159 menores dejaron las armas luego de pertenecer a la guerrilla, según datos revelados por el Observatorio de Procesos de Desarme, Desmovilización y Reintegración de la Universidad Nacional de Colombia.

La cifra se obtuvo luego de sumar los datos suministrados por el Instituto Colombiano de Bienestar Familiar, el Programa de Atención al Desmovilizado del Ministerio de Defensa y la

Oficina para el Alto Comisionado para la Paz de la Presidencia de la República de Colombia.

Pero más allá de los números, está el drama que viven algunas de las comunidades azotadas por el reclutamiento impuesto por los grupos armados. Una negativa a la leva forzosa puede significar la muerte o, en el mejor de los casos, el desplazamiento de las familias que dejan todo y huyen a otras zonas del país. En opinión de algunos expertos, en 2020 habría más de 17 000 niños en las filas de los distintos grupos armados ilegales que existían en Colombia.

«Diana» ingresó a las filas de las FARC a la edad de 13 años, cuando aún era una pequeña que vivía en el Caquetá y cursaba séptimo de bachillerato. «Desde el momento que me fui con las FARC perdí muchas cosas: mi familia, mi niñez, mi juventud, salir a bailar, todo lo que hacen las muchachas de mi edad. No lo pude hacer durante estos ocho años, porque lo único que veía era árboles y maraña. La vida me comenzó a pesar. Yo misma me decía que si seguía en las FARC, jamás iba a conocer el mundo de verdad», relataba la joven tras escaparse de la guerrilla.

«Muchos de mis compañeros, cuando terminamos el curso, los repartieron en las unidades móviles; la mayoría cayeron en el frente 53 porque los ponían en las primeras filas de combate. El decir es que el que regresara vivo, era porque había ganado el "juego de la guerra" y había aprendido la lección», explicaba la jovencita.

La niña también relataba a la prensa lo que vivía y hacía en los campamentos guerrilleros. «En esas clases había chinos (niños) de 11 años en adelante; en total éramos unos 400. A nosotros nos tenían todo el día haciendo ejercicio, trotando, haciendo gimnasia básica con armas. Eso nos lo dictaban profesores internacionales; me acuerdo tanto que había uno que le decían "El Sueco"», relataba Diana.

«La primera vez que salimos a fogueo (a combatir con el Ejército) nos dieron a cada chino 13 lecheras como ración de campaña; me acuerdo de que tantas eran las ganas de comer esa leche con azúcar que la mayoría de mis compañeros y yo las consumimos todas. Recuerdo que en ese fogueo nos habían dado la orden de tomarnos la base de La Macarena», afirmaba «Diana».

Ya en 2007, varios informes que se hicieron públicos hablaban de que «los niños son entrenados en técnicas de combate y las niñas son usadas como esclavas sexuales». A inicios de 2008, la ONU denunciaba que las FARC reclutaban a niños en Venezuela, Ecuador y Brasil. Según ese mismo informe, la edad promedio de los menores reclutados está en el rango de los 12 a 18 años. «El problema tiene mayores repercusiones en Ecuador», señalaba el documento, puesto que «no hay claridad en la cifra de menores reclutados en la frontera ni tampoco en aquellos que, por causa de la violencia, se refugian en la frontera sur».

El fallecido excanciller ecuatoriano, Antonio Parra Gil, apuntaba que a los menores se los utiliza más que como «soldados», como «escudos humanos», esto a cambio de una remuneración que, ligada a las deplorables condiciones de vida en las zonas de frontera entre Ecuador y Colombia, se vuelven razones lo suficientemente atractivas como para arriesgar la vida.

«Las FARC están utilizando a niños como escudos para cuando los ataquen. Esto es un crimen. Reclutar niños es un crimen de lesa humanidad. Hay que repudiar estos hechos y hay que proteger, en ese aspecto, la frontera», apuntaba Parra Gil, tras destacar que muchos de los menores ni siquiera sirven para ser «utilizados» en las actividades bélicas por su corta edad; denunció la inmoralidad criminal de la guerrilla izquierdista.

El reclutamiento de menores por parte de grupos armados irregulares colombianos es condenable y demencial, decía el entonces ministro de Seguridad Interna y Externa de Ecuador, Miguel Carvajal. Aseguraba que la guerrilla de las FARC cuenta en la frontera ecuatoriana con «redes de reclutamiento».

«Si la violencia es condenable por sí misma, si la guerra es una tragedia y también es condenable desde todo punto de vista, el uso de menores de edad en confrontaciones de esa naturaleza es absolutamente condenable y merece el rechazo de todos nosotros», afirmaba Carvajal.

Por su parte, el entonces canciller de Ecuador, Ricardo Patiño, exigía que los niños no se vean involucrados en el conflicto armado. «Tenemos que reprochar absolutamente indignados y exigirle a cualquiera, a gobiernos, a fuerzas irregulares que no involucren a niños y jóvenes en un conflicto de esta naturaleza; esto es una actividad criminal», afirmaba Patiño.

Las FARC, creadas en 1964, contarían con entre 7000 y 11 000 guerrilleros, según datos revelados en 2010. Muchos de ellos eran niños que fueron reclutados o secuestrados. En los últimos años, la guerrilla había sido combatida frontalmente por las fuerzas militares colombianas, lo que las había arrinconado a las zonas más apartadas del país, en muchos casos cerca de las fronteras con Ecuador y Venezuela. El saldo fue: guerrilleros abatidos, capturados o desertores.

Para el entonces analista León Valencia de la Corporación Nuevo Arco Iris, con el reclutamiento de menores «la guerrilla busca reponer combatientes». Pero todos denuncian que esto es una actividad criminal, que aún hoy persiste. La violación de los derechos humanos y los crímenes de lesa humanidad son cometidos de forma constante por grupos guerrilleros y narcotraficantes.

La era de narcosubmarinos

Al menos tres cárteles colombomexicanos y las izquierdistas FARC se unieron en la década del 2000 para la construcción de semisumergibles y narcosubmarinos. Decenas de ellos, con alta tecnología y capacidad para 8 o más toneladas de cocaína, han sido incautados a lo largo de los años, pero otros logran evadir los controles, revelaban informes de las fuerzas de seguridad que combaten el narcotráfico.

El fenómeno de los narcosubmarinos comenzó en 1993, cuando la Armada de Colombia incautó uno que estaba bautizado con el nombre de *Laura*, en la isla caribeña de Providencia, muy cerca de la turística y paradisíaca isla San Andrés. El cambio cualitativo para el transporte de los cargamentos comenzó a incrementarse en 2009, cuando se incautaron 20 de esas novedosas naves, todos en el Pacífico, según revelaban informes de las autoridades colombianas.

En un mundo en donde la globalización y las nuevas alianzas no tienen fronteras, ya no hay un cártel que lo controle todo, sino organizaciones criminales que, en el caso de los sumergibles, se encargan de construirlos y de participar en el negocio a través del transporte de la droga. El nuevo capítulo comenzó a escribirse después de las avionetas y lanchas rápidas. Ahora conviven junto a otras formas de tráfico.

Las primeras embarcaciones autónomas para el narcotráfico eran las lanchas rápidas, pequeñas y con dos motores. Luego fueron adaptadas con tres, cuatro o cinco motores, incluso con motores internos. Los resultados no eran los esperados en las travesías en alta mar. El negocio lucrativo favoreció la imaginación, y los narcotraficantes empezaron tapando la cubierta con fibra de vidrio para hacerlas más seguras y protegerlas del oleaje. Así, la droga, generalmente cubierta con plástico o látex, tampoco se mojaba.

El exalmirante Álvaro Echandía, quien fuera comandante de la Armada colombiana, explicaba que la evolución continuó con motores que pasaron a ser diésel para evitar la irradiación de calor, pero los aparatos eran más fáciles de detectar desde el aire por los infrarrojos de helicópteros y aeronaves de las fuerzas de seguridad.

Cambiaron entonces la velocidad por la discreción. Así aparecieron los semisumergibles, con una pequeña caseta para el navegante. Pero en 2011, un hallazgo cerca de la desembocadura del río Saijá, en el departamento del Cauca, sorprendió a las autoridades colombianas.

Era un auténtico submarino con periscopio y radar, capaz de sumergirse completamente y navegar hasta a nueve metros de profundidad, con una capacidad de carga de ocho toneladas de droga y una autonomía de navegación de Colombia hasta México, o incluso hasta las costas de Estados Unidos.

«Estamos ante un salto tecnológico: cuenta con tanques de compensación que le permiten navegar sumergido y un periscopio de alta tecnología, con cámaras de video para conocer la situación de la parte externa sin salir a flote», explicaba el entonces contraalmirante Hernando Wills Vélez, comandante de la Fuerza Naval del Pacífico.

El exjefe del Comando Conjunto Pacífico, el general Jaime Herazo, explicaba que su construcción habría costado unos 2,2 millones de dólares. Se arman por etapas, a veces en lugares distintos y con personas diferentes para cada fase, indicaban los expertos.

Una vez listos, prestan servicio a diversos grupos ilegales: la guerrilla de las FARC, las nuevas bandas criminales (Bacrim), constituidas en buena parte por antiguos paramilitares y narcotraficantes, muchos con nexos con cárteles mexicanos.

Una operación militar lanzada desde el puerto de Buenaventura, en el Pacífico de Colombia, produjo el decomiso de más de tres toneladas de cocaína y armas de fuego. La droga estaba preparada para ser cargada en el narcosubmarino decomisado y tenía como destino México. Se presumía que la misma sería parte de la mercancía que varios cárteles colombo-mexicanos y frentes de las guerrillas de las FARC querían enviar hacia Estados Unidos.

Por otra parte, unas siete toneladas de drogas fueron encontradas por equipos de la Armada colombiana en un submarino semisumergible de fabricación artesanal que estaba a kilómetro y medio de la frontera con Ecuador. El hallazgo ocurrió cuando la nave de 18 metros de largo, 3 de ancho y fabricada en fibra de vidrio, intentó realizar el viaje desde un astillero artesanal en la zona rural de Tumaco, en el departamento colombiano de Nariño.

En los últimos años, la Armada colombiana había incautado y destruido 61 aparatos sumergibles de las organizaciones narcoterroristas construidos para transportar droga por los océanos. Desde 1993, cuando fue incautado el primer aparato, la imaginación de las organizaciones criminales no descansa. Algunos semisumergibles han aparecido en astilleros en la selva. Otros fueron hundidos por los narcos cercados por las autoridades. Los primeros apenas podían llevar una tonelada de droga. En 2007 cayó uno con capacidad para 12 toneladas.

No hace mucho que las autoridades de Colombia capturaron al llamado «rey» de los narcosubmarinos, un hombre cuyos servicios, según la Justicia, han sido empleados por poderosos grupos criminales de varios países, desde Colombia hasta México, entre otros. Óscar Moreno Ricardo, arrestado en Medellín, fue acusado por las autoridades estadounidenses de cargos relacionados con narcotráfico. Alegaron que él era el principal responsable de coordinar la fabricación y el despacho de semisumergibles cargados de cocaína desde la costa Pacífica colombiana hacia Estados Unidos.

Hoy submarinos procedentes de América Latina ya han sido capturados en las costas de la Península Ibérica. En 2019, frente a las costas de Galicia, fue atrapado un narcosubmarino con 9 toneladas de cocaína; con el paso de los meses fueron incautados otros y aún siguen llegando a las costas españolas.

Moreno Ricardo se desempeñaba en sus inicios como piloto de lanchas rápidas para el transporte de drogas. Los fiscales afirman que luego comenzó a fabricar semisumergibles que transportaban hasta cinco toneladas de cocaína y eran enviados a Centroamérica, lo que, según los fiscales, llevó a que recibiera el apodo del «rey de los narcosubmarinos».

Tenía vínculos con varios grupos criminales, incluido el clan narcotraficante colombiano Los Urabeños, Clan del Golfo; la organización guerrillera colombiana izquierdista ELN y el Cártel Jalisco Nueva Generación, de México. También se han encontrado embarcaciones de este tipo en aguas de Surinam, Brasil, Venezuela y Guyana, denunciaban las autoridades. Los nuevos escenarios confirman que estamos ante nuevas y peligrosas realidades por las capacidades de estas alianzas criminales.

Tecnología al servicio del crimen

Son nuevos tiempos. Grupos de narcotraficantes usan sitios en Internet para difundir sus mensajes. Los llamados «narcoblogs» y «narcotours», considerados como el YouTube de los narcos, son dos de las herramientas usadas. Sus autores no dejan rastro posible para evitar ser identificados.

Los cárteles reclutaban incluso miembros nuevos con vídeos de torturas y ejecuciones, los cuales publicaban en Internet para glorificar el estilo de vida de los traficantes de drogas, amenazar a sus enemigos y enviar el mensaje de que son invencibles en la guerra que llevan adelante contra la sociedad democrática.

«Está fuera de control… Internet se ha convertido en un juguete para el crimen organizado. Es un juguete, un juguete con el que divertirse, un juguete para asustar a la gente», declaraba al diario *The Washington Post* Víctor Clark, un experto en drogas radicado en Tijuana.

Los vídeos mostraban armas, dinero, drogas, mujeres hermosas y espeluznantes fotos de cadáveres, entre ellos oficiales de policía o miembros de cárteles rivales asesinados. Los vídeos aparecían en YouTube y otros sitios de Internet. Tras ser identificados y retirados por las autoridades, pronto eran reemplazados por nuevas publicaciones.

Docenas de armas, algunas con culata de diamantes, otras con el nombre del sicario grabado en el cañón, se exhibían en las redes. Las fuerzas de seguridad han incautado, en distintas operaciones contra los jefes de los cárteles y sus lugartenientes, algunos de los elementos de la narcocultura que antes ostentaron a través de las redes. El teléfono móvil de oro de Daniel Pérez

Rojas, «El Cachetes», de Los Zetas; los lentes de sol con marco dorado de oro que pertenecieron a Benjamín Arellano Félix, «El Min», antiguo líder del cártel de Tijuana, preso en Estados Unidos, circulaban en la red.

En varias páginas aparecía un busto de Jesús Malverde, venerado como el patrón de los narcos, y una figura de la Santa Muerte, un culto muy popular entre los sicarios, de acuerdo con información del Ejército mexicano.

También hacen ostentación en páginas y vídeos en Internet de armas como el AK-47, rifle de asalto por excelencia del crimen organizado, que se conoce como «cuerno de chivo» por su cargador curvo. También el rifle semiautomático Barrett y el AR-15, otro rifle predilecto de los sicarios.

Poco después de que empezaran a aparecer vídeos en que se mostraban decapitaciones en sitios web de insurgentes fundamentalistas islamistas, los cárteles comenzaron a difundir vídeos similares en 2005, afirmaba en el diario *USA Today* Kent Paterson, por esos años director de redacción del servicio de noticias en línea Frontera Norte Sur de Nuevo México.

Paterson sostenía que los primeros vídeos de cárteles eran similares a los vídeos de fundamentalistas del Medio Oriente. Mostraban a las víctimas atadas, con los ojos cubiertos y rodeadas de guardias, y la lectura de una declaración seguida por la ejecución, a menudo por decapitación. También recordaba que los cárteles de drogas gradualmente comenzaron a producir vídeos más sofisticados. Los narcotraficantes utilizan sus mismas tácticas, en las batallas y en la propaganda y comunicación.

Además, algunos músicos mexicanos producían vídeos con imágenes que exaltan el mundo opulento y violento de los narcoterroristas. Era común que los líderes del narcotráfico financiaran las carreras de músicos y lavaran dinero a través de la venta de entradas a sus conciertos con los famosos narcocorridos, informaba *The Washington Post*.

La policía federal de México los perseguía con su unidad de crímenes cibernéticos. Un vocero de la entidad declaraba a *The Washington Post* que se estaba llevando a cabo un esfuerzo concertado para rastrear a los cárteles de drogas en Internet. Asimismo, las autoridades mexicanas estudiaban los vídeos y chats en busca de pistas sobre próximos asesinatos en la fronteriza Ciudad Juárez, uno de los centros de la violencia.

Además de los vídeos en Internet, los cárteles también utilizan tecnología de encriptación, teléfonos celulares y satelitales, dispositivos de vigilancia y escucha, problemas todos que requieren de la vigilancia continua por parte de la policía y los expertos militares para poder combatirlos.

Los conflictos armados, el terrorismo, los ciberataques, el crimen organizado, el narcotráfico, las crisis económicas, el espionaje, entre otros, ahora se combinan para conformar amenazas híbridas de gran alcance coordinadas y sincronizadas, aprovechando factores que las favorecen como la globalización, las nuevas tecnologías y su rápido desarrollo, la multidimensionalidad y el gran alcance comunicacional.

En la web operan narcoterroristas y bandas criminales, y numerosos grupos al margen de la ley, realizando sus transacciones anónimas utilizando, por ejemplo, el sistema de monedas virtuales, para sus chantajes y extorsiones, amenazando así las libertades. La naturaleza transnacional del crimen organizado, utilizando la tecnología, significa que su impacto se extiende más allá de las fronteras nacionales, lo que requiere cooperación y coordinación internacional para abordar su combate efectivo.

Las amenazas híbridas procuran aprovechar las vulnerabilidades de un país y suelen socavar los valores democráticos y las libertades fundamentales.

La moda de la «narcocultura»

Tienen sonrisas de galanes de televisión, se muestran como empresarios acaudalados y se desplazan en lujosos autos de alta gama, pero no les temblaría la mano un instante para apretar el gatillo de su arma automática u ordenar a sus sicarios decapitar o quemar vivos a quienes se interponen en sus lucrativos negocios. Así son los nuevos jefes de los cárteles de la droga.

Cultivan la elegancia y se visten con ropa de diseñadores como Armani, Versace, Dolce & Gabbana, Zegna, Polo Ralph Lauren, Abercrombie o Hugo Boss, entre otros íconos de la moda. Es una lenta metamorfosis que empezó hace años con los hijos de los capos de la droga, conocidos como «Los Juniors», y que ahora se ha extendido a la cúpula de los cárteles, según describía la prensa mexicana.

La estereotipada y clásica imagen del mafioso con dientes de oro, botas, camisas coloridas y desplazándose en camionetas blindadas, está quedando en el pasado.

Vicente Carrillo Leyva, hijo de Amado Carrillo Fuentes, «El Señor de los Cielos», fue capturado en abril de 2009 en la zona residencial de Bosques de las Lomas, en el Distrito Federal, mientras hacía ejercicio con un conjunto deportivo Abercrombie, recordaba *El Universal* de México.

La vestimenta de los narcos revela una nueva realidad, un cambio generacional y una puesta a punto con los nuevos tiempos. El escritor Elmer Mendoza, autor de *Balas de plata*, explicaba este nuevo escenario: «Yo divido a los narcos en tres grupos. Los que llamo "Los Pesados", son los que siguen la moda antigua con vaqueros, camisas estampadas, botas y cintos con joyas

"

estrambóticas. "Los Juniors", aquellos que usan marcas como Armani, Boss y Versace. El otro grupo es donde se ven las playeras Polo, entre otras», relataba.

A fines de los 80 y principios de los 90, era casi obligado asociar a los narcos con la imagen llamativa, explicaba Mendoza, experto en el tema. Una fotografía de la familia Arellano Félix daba cuenta de los relojes de oro, brazaletes y las cadenas con las que presumían. Sin embargo, en 2002, cuando fue detenido Benjamín Arellano, mostró un estilo sobrio, vestido de negro, con zapatos y abrigo clásico.

En Colombia, la imagen del narcotraficante no era muy distinta a la de México. Pablo Escobar Gaviria, líder del cártel de Medellín, vestía playeras con saco, indicaba el escritor. Gonzalo Rodríguez Gacha, «El Mexicano», quien formó parte del cártel de Medellín, gustaba de la cultura mexicana. Era fan de las películas de Jorge Negrete y Pedro Infante, y de las canciones de José Alfredo Jiménez, explicaba el investigador.

Sin embargo, ahora llama la atención que los narcotraficantes capturados en los últimos tiempos se vistan con el mismo modelo de playeras Polo. Primero fue Edgar Valdez Villarreal, «La Barbie», quien fue presentado con una playera Polo verde con el número 2 y unos costosos zapatos deportivos. José Jorge Balderas Garza, «El JJ», vestía otra Polo cuando fue arrestado, pero azul. Marcos Carmona Hernández, «El Cabrito», fue presentado con el mismo estilo de ropa, pero roja; mientras que Benjamín Robles Reyes, «El Padrino», usaba una playera blanca, explicaba.

Usan las costosas playeras Polo Ralph Lauren de la línea Big Pony, realizadas en algodón y no solo con el estampado de la ciudad de Londres, sino también de otros lugares como Tokio, Berlín, Milán, Los Ángeles, París, Roma, Chicago, Nueva York y Madrid.

El narcotraficante que puso en jaque a México, Joaquín «El Chapo» Guzmán, líder del cártel de Sinaloa, hoy preso en Estados Unidos, aparecía durante tres años consecutivos en el listado de los multimillonarios de la revista *Forbes*, con una fortuna calculada en mil millones de dólares. Se estimaba por esos años que las ganancias de los cárteles mexicanos oscilaban entre 10 000 y 30 000 millones de dólares anuales.

A pocos les llamaba la atención el gusto por una vida lujosa y a la moda, y sus excentricidades que los llevaban a comprar armas y teléfonos móviles recubiertos de oro y brillantes, enormes ranchos en los que reunían todo tipo de animales exóticos —desde tigres a cocodrilos pasando por pavos reales— o medallas de oro con las que, a modo de Olimpiadas, se premiaban los servicios prestados, señalaba *El Confidencial* de México.

Todo ello forma parte de la narcocultura, que incluye gustos musicales y cinematográficos, como los narcocorridos y el narcocine, y hasta su propia devoción religiosa. Reparten sus pedidos y ofrendas entre la Santa Muerte y el «santito» Jesús Malverde, un ladrón que fue ahorcado en 1909 y elevado posteriormente a los altares por la delincuencia en Latinoamérica.

Una colección de armas recubiertas de oro, con incrustaciones de brillantes, diamantes y otras piedras preciosas y con las iniciales de sus propietarios grabadas, demuestran que la ostentación de los capos narcos no tiene límites. Las filigranas de estas armas, que acumulan hasta más de 300 brillantes por pieza, pistolas con diseño Versace, rosarios, teléfonos celulares de oro, ropas de diseño, obras de arte, entre otras de sus pertenencias, son algunas de sus excentricidades que se podían apreciar en un museo del Ministerio de Defensa mexicano tras ser capturados o muertos muchos de los criminales.

Recorriendo la historia de los cárteles quedan en evidencia los cambios en la sociedad. La moda y las excentricidades cambian. Los capos de los cárteles se van adaptando a los nuevos tiempos, lo que no muta es la guerra y la violencia que despliegan y llevan adelante para controlar el lucrativo mercado del narcotráfico en todo el mundo.

La narcocultura, al igual que las amenazas de las organizaciones al margen de la ley, llega a todo el mundo. Narcocorridos nacidos en 2010, ropa de marcas internacionales costosas, estética, hacen que algunos se sientan tentados a ser parte de ese mundo criminal. «Se ha convertido en un modo de vida asentado en la violencia, en la muerte y en el poder, muy ligado a la riqueza, al narcotráfico y a la ostentación», añadía la doctora en Ciencias Sociales de la Universidad de Nayarit, América Becerra.

Se estrenan series, se presentan autobiografías, biografías y novelas, y muchas de ellas dejan un mensaje casi idílico de ese mundo. Los rostros de capos del narcotráfico aparecen estampados en camisetas que se venden en tiendas de todo el planeta. Los narcocorridos, que describen y cantan sobre la violencia, drogas, narcos y sobre un territorio paralelo donde lo que importa es quién tiene el poder, despiertan debates entre detractores y seguidores. Incluso el fenómeno de los «narcofunerales», que recorren las calles con tiros al aire y difundidos por las redes sociales, son festejados por algunos.

El fenómeno de la narcocultura permea la sociedad y algunos tienden a normalizarlo, a romantizarlo. Dinero, poder y bellas mujeres son lo que aparentemente ofrece ese mundo criminal. Hoy en muchos países, niños en edad escolar, ante la pregunta de qué quieren ser cuando sean mayores, afirman lacónicamente: narcotraficante.

Gobiernan el barrio

Son cientos de miles, se extienden rápidamente y están dispuestos a todo en varios países del continente. Según el gobierno salvadoreño, en el país vivían en los primeros años del 2000 unos 10 000 pandilleros. Sin embargo, hoy las maras han sufrido un golpe con las medidas aplicadas por el gobierno del presidente de El Salvador, Nayib Bukele. Cerca de dos tercios de sus temibles miembros están en la cárcel, con un masivo apoyo de la sociedad y con críticas de algunos organismos internacionales y de defensores de los Derechos Humanos.

En 1992, tras la firma de la paz en El Salvador entre la guerrilla izquierdista del FMLN y el Ejército, el Departamento de Inmigración de Estados Unidos ordenó la deportación de miles de jóvenes salvadoreños. Ya no calificaban como asilados políticos. Así llegaron los mareros a El Salvador. La Mara Salvatrucha es sin lugar a duda la más famosa. Hoy tiene seguidores en todos los continentes, incluso poseía su página web en internet.

La Mara Salvatrucha, conocida como MS-13, es, según los expertos policiales, la pandilla más numerosa y violenta. «Salva» es una abreviación de salvadoreña, y «trucha» es, en jerga pandillera, un calificativo para la gente lista, despierta. El «13» es el barrio del South-Center de la ciudad de Los Ángeles, donde nació la pandilla en los años 80, para agrupar a los salvadoreños que querían abrirse espacios que les negaban otros inmigrantes más veteranos: los mexicanos, puertorriqueños y cubanos. Estos estaban integrados, en su mayoría, en la otra gran pandilla (la M-18), que tuvo su origen en la calle 18 de la megalópolis californiana, dominada principalmente por mexicanos.

La simbología es importante. El emblemático número «13», es la decimotercera letra del abecedario, la «M», significa «vivir la vida loca», según el argot de los mareros.

Algunos indican que las pandillas centroamericanas toman la denominación maras de marabunta, palabra que se emplea en El Salvador para referirse a grupos de personas alborotadoras. Otros investigadores apuntan a una película estadounidense de los años 70 que trata de un grupo de hormigas, marabunta, destructoras y agresivas que invaden un pueblo y destruyen todo a su paso.

«Nosotros gobernamos el barrio sin que nadie nos diga nada. Si alguien nos dice algo, lo palmamos. Se acalambran porque somos muchos. Los jóvenes mandamos», afirmaba un integrante de la famosa Mara Salvatrucha, propia de El Salvador, pero hoy extendida e integrada por adolescentes en toda Centroamérica.

El profesor José Luis Rocha, de la Universidad Centroamericana de Managua, sostenía que «la reacción del pandillero en un mundo en el que él no es nadie es atacar, dominar el barrio, someter porque está sometido, demarcar un territorio porque vive en el desarraigo, asociarse a una institución que dota de identidad porque se carece de ella. El pandillero aspira a dominar en un entorno que lo excluye». La situación de exclusión familiar, económica y social es campo fértil para estas bandas criminales.

La MS-13 no tiene un alto grado de organización, no hay un líder definido para todo el país, sino que hay varios líderes que en general son reconocidos por su prestigio. Los enfrentamientos entre miembros de la misma pandilla son muy comunes para lograr el ascenso. Para entrar en la MS-13, el aspirante a pandillero debe ser «brincado»; el brincamiento consiste en pelear con tres miembros de la pandilla, durante 13 segundos, y aguantar con valor. En caso de que el futuro pandillero sea de complexión muy fuerte, tendrá que pelear contra cinco. Lo importante es que sufra durante la pelea, para así demostrar su valor.

No es obligatorio tatuarse, pero la inmensa mayoría de los pandilleros lo están, con tatuajes alusivos a la pertenencia a la pandilla. Es la biografía de cada uno de los jóvenes y la llevan en la piel. En algunos casos, los tatuajes se hacen en lugares muy visibles, como la cara o la frente. Esto se debe a que el pandillero está orgulloso de su pertenencia a la clika o *gang*, afirman.

Se caracterizan por llevar pañuelos en sus cabezas y usar un lenguaje cifrado de palabras y señas que solo ellos entienden. Tienen determinados estilos y grupos musicales preferidos. Crean su propia cultura.

Cada clika de la Mara Salvatrucha tiene su propio territorio. Este territorio está señalizado con pintadas alusivas en las paredes; normalmente, estas pintadas hacen referencia a la Mara, a la clika, a los pandilleros muertos y, en general, a la estética típica que los identifica y les da un sentimiento de pertenencia.

Los pandilleros se preocupan de mantener estos grafitis, evitando que los mareros rivales los ensucien o los tapen. Cuando una clika consigue que su barrio esté limpio de referencias de otros grupos, se considera que es fuerte y tiene bajo control su territorio.

«La calle le enseña a uno a vivir o morir y, pues, uno tiene que aprender a rifársela», afirmaba un pandillero salvadoreño. «Eme a morir», «Hasta Morir», «Eme ese a morir», «La MS siempre», «La MS se respeta», «La MS controla», «La mara es mi familia», dicen sus consignas.

Influyó en los mareros la experiencia de los migrantes a Estados Unidos que se familiarizaron con las rutinas de vida, simbología, lenguaje, vestuario y códigos estéticos de los barrios chicanos y mexicanos, particularmente en Los Ángeles, Nueva York y Washington. La M-13 fue detectada en 36 estados de Estados Unidos. «Un mara necesita muchas cosas, como tener bajos (testículos), aprender a matar y a dar la vida por un carnal», manifestaba un joven, de 21 años, quien se declara orgulloso de pertenecer a la M-13.

La Mara Salvatrucha y otras pandillas se dedican al robo y al tráfico de drogas y armas. Centroamérica, después de los conflictos de los 70 y 80, tiene un gran arsenal ilegal en las calles de AK 47, M-16, pistolas automáticas, morteros y granadas. Los mareros dejaron los machetes y cuchillos para convertirse en ejércitos criminales bien armados.

Hay una hermandad dentro de la mara, más que en ninguna institución, más que en ningún partido político. Eso no lo tienen en otra parte. «Los demás no comen del mismo plato y nosotros sí comemos del mismo plato, nos tapamos con la misma cobija», sostenía un pandillero guatemalteco que afirmaba así su pertenencia al grupo.

La presencia de pandilleros de la M-13 y de la llamada M-18 se ha detectado ya en varios estados mexicanos, por lo cual esos grupos, que antes eran marginales, representan ahora un problema de «seguridad nacional», según explicaban las autoridades aztecas. Los mareros salvatruchos están en muchos países, son de distintas nacionalidades y se extienden.

La policía estadounidense alertaba en 2006 a la mexicana de Nuevo León, señalando que en el municipio de San Nicolás se identificaron miembros de la texana Mexican Mafia (MM, Mexikanemi o la Emi), de la también texana Hermandad de Pistoleros Latinos (HPL, 16/14: letras P y L) y del Sindicato

Texano. Ya no existen fronteras para estos grupos que van de un país a otro.

Los Ángeles albergaban a numerosas pandillas con unos 48 000 miembros, muchos de ellos afiliados a las bandas rivales de las comunidades de hispanos y de negros que habitan las áreas más pobres de esta megalópolis. En 2005 se reportaban 487 asesinatos en esta ciudad, y la mitad de esta cifra estaba relacionada con disputas entre pandillas, según afirmaba el Departamento de Policía de Los Ángeles.

«Ahora mismo las pandillas son una prioridad dentro del FBI, y hemos visto que para poder trabajar efectivamente las pandillas tenemos que trabajar en conjunto con todos los países de Centroamérica, donde hay una gran cantidad de pandillas», declaraba el delegado del FBI para Centroamérica, con sede en Panamá, David G. Wattley.

Según Wattley, el FBI ya trabajaba en Guatemala, El Salvador y Honduras —el llamado Triángulo Norte— en virtud de que tienen «una gran actividad las pandillas». El tema de las *gangs*, precisaba Wattley, «es una prioridad» en Estados Unidos, a la vez comentaba que «si no lo atacamos rápido y fuerte», las pandillas podrían entrar al crimen organizado y otras áreas donde podrían actuar en conjunto «contra Estados Unidos y otros países».

El diario *The Washington Times*, en un artículo de primera página, afirmaba citando a funcionarios policiales que Adnan Gulshair El Shukrijumah, un «jefe de células de Al Qaeda», fue visto en Honduras en reuniones con cabecillas de la Mara Salvatrucha.

Organismos del gobierno de Estados Unidos y organizaciones privadas sostenían que en su territorio había más de 30 mil *gangs* con entre 750 y 850 mil miembros, entre las que se destacaban las de hispanos, negros y asiáticos. El periódico afirmaba que la Mara Salvatrucha estaba involucrada en el tráfico de «cientos de centroamericanos y sudamericanos que intentaban llegar a Estados Unidos».

«Aunque están involucrados en el contrabando de inmigrantes, drogas y armas, los miembros de la Mara Salvatrucha en EUA también han estado relacionados con asesinatos, robos, secuestros, extorsiones y violaciones», afirmaba el matutino. Los miembros de esta pandilla, según la policía, «han establecido centros de contrabando en Matamoros (México), al sur de Brownsville (Texas)».

«Las pandillas operan como verdaderos grupos del crimen organizado y los recursos que obtienen de actividades oscuras como el sicariato, la extorsión, el tráfico de drogas y el tráfico de personas les sirven para defenderse del sistema, de ahí que también es necesario golpearles sus fuentes de ingreso de recursos», opinaba el entonces presidente de El Salvador, Elías Antonio Saca.

Después de la guerra civil, ese país está inmerso en una postguerra en la que los índices de violencia eran aún mayores que durante la propia guerra.

«Estamos conscientes de que si no enfrentamos este tema con dureza, estos serán los terroristas del futuro. Debemos compartirles que los delitos que aún destacan en nuestro país son los homicidios y las extorsiones; en casi un 80 % estos son cometidos por miembros de pandillas», afirmaba el entonces presidente salvadoreño, anfitrión de la segunda cumbre antipandillas que se realizaba en 2006 en San Salvador.

Señalaba que la nación centroamericana era catalogada como la más violenta de América Latina, con una tasa de 55 homicidios por cada 100 mil habitantes, después de Honduras, Guatemala y Colombia.

Durante 2005, el 43,5 % de los 3812 homicidios reportados fueron atribuidos al accionar de las organizaciones delictivas Mara Salvatrucha y la M-18.

Los datos señalaban que la mayoría de los crímenes (80 por ciento) se cometieron con armas de fuego, en una nación cuyo circulante bélico era de cerca de medio millón, más de la mitad de manera ilegal. Números oficiales, difundidos en enero de 2006, demostraron que la extrema agresividad sigue imparable y solo en ese mes se contabilizaron 316 asesinatos, para un promedio de 10,2 diarios, más de los que mueren en el conflicto en el Medio Oriente entre israelíes y palestinos.

El Triángulo Norte se había convertido también en uno de los lugares más violentos del mundo por fuera de zonas de guerra. El trabajo conjunto entre policías y Fuerzas Armadas no es novedad en la región. Ya se aplicaba en Colombia, México, El Salvador, Guatemala, Honduras y Nicaragua, entre otros países, para complementar el combate al crimen organizado y asumir tareas de seguridad pública.

En 2003, el entonces presidente Francisco Flores lanzaba el plan «Manodura» y lograba la aprobación de la Ley Antimaras, que estuvo vigente por un año. Cuando su sucesor, Antonio Saca, asumía la presidencia, afirmaba: «A los delincuentes se les acabó la fiesta».

Meses después implementaba el plan «Súper Manodura», que sin embargo perdía dureza a fines de 2007. Saca reconocía que el combate de las pandillas insumiría unos 25 años.

Según algunos informes, las maras contaban con 50 000 miembros en Estados Unidos, 35 000 en Honduras, 15 000 en Guatemala y 15 000 en El Salvador.

En 2009 se reunieron en la capital salvadoreña más de 300 expertos, delegados, policías y funcionarios de trece países, entre ellos de Estados Unidos, México y El Salvador, en la Quinta Convención Anual Antipandillas. Ahí se concluía que la prevención era un eje fundamental en su combate, porque buscaban a sus «nuevos soldados» entre los jóvenes de sus comunidades.

Martin Escorza, de la Fuerza Nacional Antipandillas del FBI, manifestaba que esos grupos «son transnacionales y se mantienen en comunicación para cometer ilícitos en Estados Unidos y Centroamérica», tienen una forma de comunicarse muy «fluida y sofisticada», como muestran las investigaciones.

En marzo de 2022, el gobierno de El Salvador lanzaba una de las ofensivas de seguridad más implacables de su historia en su más reciente intento por debilitar a las tres principales pandillas del país: la Mara Salvatrucha (MS-13), el Barrio 18 Revolucionarios (18R) y el Barrio Sureños (18S).

El presidente Nayib Bukele, que asumió el cargo en 2019, fue el artífice de este esfuerzo. Tras un repentino aumento de la violencia de las pandillas en marzo de 2022, la Asamblea Legislativa, a petición de Bukele, declaraba un régimen de excepción de un mes, suspendiendo los derechos constitucionales y flexibilizando las normas para realizar arrestos. Desde entonces, en el marco de una feroz campaña antipandillas, las fuerzas de seguridad han detenido a más de 77 000 personas, más del 1 % de los 6,3 millones de habitantes del país, indicaron los especialistas de InSight Crime.

La controvertida ofensiva parece haber reducido las acciones de las pandillas, al menos temporalmente. También ha contribuido a reducir la violencia a mínimos históricos y ha dado un respiro a comunidades anteriormente invadidas por estos grupos, algo que ninguna medida anterior había logrado.

Si bien los salvadoreños en su mayoría apoyan el combate que lleva adelante el gobierno de Bukele, desde organizaciones de Derechos Humanos se denuncian abusos y violaciones, además de cuestionar la sostenibilidad a largo plazo de una política de seguridad tan agresiva y el régimen de excepción. El plan del presidente también ha sido debatido con posiciones disímiles en otros países de la región.

Las calles son del más fuerte

La Misión de Estabilización de las Naciones Unidas en Haití (Minustah) fue creada por resolución del Consejo de Seguridad del 30 de abril de 2004. Esa resolución declaraba que la misión permanecería en Haití por un período inicial de seis meses para detener la violencia en la isla.

En noviembre de 2004, el Consejo de Seguridad renovó el mandato de la misión por otros seis meses, con la intención anunciada de renovarlo por períodos adicionales a medida que fuera necesario. Renovaciones que, por cierto, se hicieron con efectivos militares y policiales de los cascos azules en un país sumido en la violencia.

A pesar de la presencia de la Minustah hasta 2017, la inseguridad se ha incrementado en Haití, especialmente en Puerto Príncipe y en otras ciudades. El aumento de hechos de violencia y criminalidad ha hecho que muchos haitianos intenten abandonar el país. No solo intentan escapar a Estados Unidos, también llegan a los países del sur del continente.

Bel Air y Citie Soleil, consideradas zonas sin ley de la capital haitiana, eran los bastiones de seguidores del expresidente Jean-Bertrand Aristide. Los ex *Tonton macoutes* de los Duvalier, los *Chimeres* del expresidente Aristide en su primer y breve gobierno, el «Ejército Caníbal» y «Despiertos en la Noche» de su segundo mandato, y los exmiembros de las Fuerzas Armadas de Haití, son algunos de los grupos que en esos años impidieron la estabilización del país.

El excanciller chileno y entonces representante de la ONU en Haití, Juan Gabriel Valdés, admitía en 2004 que la tarea de desarme de los grupos armados «está aún pendiente y es de largo plazo».

«La situación de seguridad en Haití es delicada. En Puerto Príncipe existen grupos armados que continúan amenazando a la población civil y que tienen el control de algunas poblaciones pobres», opinaba el excanciller chileno.

La sociedad haitiana «ha estado invadida de armas durante muchas décadas y las misiones anteriores de la ONU lograron sofocar, pero no erradicar, la violencia que se caracteriza por la relación entre grupos de intereses y grupos armados», expresaba. «En la medida en que no se separa la violencia política de la criminal, la situación va a tender a reproducirse», añadía.

La misión militar en Haití contaba en ese momento con el 75 % de los efectivos dispuestos por la ONU: 4790 de 6300 soldados y 1200 de 2000 policías.

«Esperamos que llegue el último contingente desde Nepal y, entonces, estaremos en condiciones de trabajar el tema de seguridad de manera más eficiente», informaba.

Según decía Valdés, «las amenazas no provienen de grupos organizados ni unificados sino de grupos dispersos que actúan con táctica de guerrilla urbana. La única forma real de trabajo (ante ellos) es la de presencia física en los lugares donde se origina la violencia».

«Los 'chimeres' (grupos armados vinculados al expresidente Aristide) no pasan de 200 personas organizadas en poblaciones donde viven 500 mil, pero cuentan con armamento automático y trabajan en un medio donde la pobreza y la desesperanza abundan, lo que les da mucha movilidad», relataba.

Valdés descartaba un carácter represivo en la misión que encabeza con los efectivos de los Cascos Azules de la ONU.

«El concepto de seguridad requiere la presencia de una fuerza militar, pero también una acción simultánea en el terreno del desarrollo y de iniciativas políticas, las tres íntimamente relacionadas», indicaba.

El diplomático reconocía demoras para invertir los 1200 millones de dólares donados por la comunidad internacional para ir en ayuda de Haití. «Ha habido demoras por ambas partes y mi preocupación principal es acelerar la aprobación de estos proyectos para que los dineros puedan ser gastados de inmediato o, al menos, durante 2005», indicaba el entonces jefe de la misión internacional.

El embajador Valdés era enfático al sostener que «si no hay ayuda al desarrollo y cooperación no se resolverá la raíz real del problema haitiano, que es la miseria». En el plano político, relataba que ya se había reunido con todos los grupos políticos y sociales para «comprometerlos en un proceso de reflexión sobre el futuro de Haití y sus obligaciones para construir un Estado que permita dar estabilidad».

«Vamos a lanzar un proceso de diálogo en los primeros meses de 2005 que no se detendrá en una elección, pero que tiene que acordar el reconocimiento del resultado electoral y un rol para quienes ganen y quienes no», sostenía.

«Hay una voluntad de diálogo político, aunque no son pocas las diferencias, pero queremos una agenda para mantener vivo este diálogo nacional, pues se llegó a un punto tal en que hablamos de la supervivencia del país», subrayaba.

La fuerza militar de la Minustah contaba en 2004 con unos 6500 hombres procedentes de varios países. Además, había unos 1200 policías de varias naciones, en los contingentes de la Policía Civil Internacional (Unipol), encargada de adiestrar a unos 5000 efectivos de la Policía Nacional de Haití, un cuerpo acusado de corrupción y mal preparado.

En 2005 estaban desplegados en esa nación del Caribe efectivos de las Fuerzas Armadas de Argentina, Benín, Bolivia, Brasil, Canadá, Chile, Croacia, Ecuador, Francia, Guatemala, Nepal, Jordania, Marruecos, Paraguay, Perú, Filipinas, España, Sri Lanka, Estados Unidos y Uruguay.

El Cnel. Felicio de los Santos, entonces jefe del Batallón Uruguay I, tenía bajo su mando a 772 efectivos desplegados en las bases de Les Cayes, Jeremie, Port Salut y Miragoane, al sur del país.

Los integrantes de la Policía Civil de la ONU los aportaban Argentina, Benín, Bosnia y Herzegovina, Brasil, Burkina Faso, Camerún, Canadá, Chad, Chile, China, Egipto, El Salvador, Francia, Ghana, Guinea, Jordania, Malí, Mauricio, Nepal, Níger, Nigeria, Pakistán, Filipinas, Portugal, Rumanía, Senegal, Sierra Leona, España, Sri Lanka, Togo, Turquía, Estados Unidos, Uruguay y Zambia. Uruguay tenía nueve oficiales bajo el mando del comisario inspector José González Yanes.

Además de la violencia y la eterna crisis económica, la lista de enfermedades comunes en el país es variada: paludismo, dengue, filariasis, ictericia febril, fiebre tifoidea, enfermedades transmitidas por roedores, malaria, ántrax, rabia, sarna, tuberculosis, infecciones respiratorias agudas y carbunco. La electricidad solo estaba disponible unas pocas horas al día y el 80 % del aprovisionamiento de agua de la nación estaba contaminado.

La misión de Minustah, liderada por la ONU, culminó, pero las bandas criminales siguen en acción y Haití tiene los mismos e históricos problemas.

Extorsión, protección y control de servicios

Las ilegales organizaciones y bandas armadas haitianas intimidan a la población y llaman a manifestarse contra nuevas fuerzas multinacionales bajo mandato de la ONU que buscan aplacar la violencia. La ola de violencia en Haití alcanzó a todos los barrios de su capital, Puerto Príncipe, mientras sigue el éxodo de haitianos hacia cualquier parte del mundo. Una historia que se repite en uno de los países más pobres del continente.

De las cientos de bandas criminales que operan en Haití, las más conocidas son aquellas identificadas por las siglas que representan a asociaciones de varias bandas. La más destacada es la G9 Familia y Aliados, una federación compuesta por nueve bandas criminales que se formó en junio de 2020, indicaba la agencia Fides del Vaticano.

Su fundador y líder es el expolicía Jimmy Chérizier, conocido como *«Barbacoa»*. La principal fuente de ingresos de la G9 es la extorsión en sus diversas formas. La federación cobra «pagos de protección» a comercios locales, vendedores ambulantes y conductores de transporte público, además de supervisar el secuestro de civiles con fines extorsivos. La G9 incluso ha tomado el control total de servicios públicos como la electricidad y el suministro de agua, según se informó.

La formación de la G9 surgió para respaldar al asesinado presidente Jovenel Moïse cuando enfrentaba la hostilidad de la población debido a la crisis económica del país, la corrupción, la escasez de combustible y el aumento de la violencia. «Barbacoa» y su banda de policías fueron expulsados de la policía por las ejecuciones extrajudiciales que llevaron a cabo, pero continuaron recibiendo dinero, armas, uniformes policiales y vehículos gubernamentales del gobierno de Moïse, sostenía la agencia de la Santa Sede.

Cuando Barbacoa anunció la formación de la alianza G9, muchos creyeron que se trataba de una formación para apoyar a Moïse, siguiendo la tradición de los políticos haitianos de utilizar bandas para reprimir a los opositores y mantener el orden social en los barrios pobres.

Barbacoa prometía que la G9 restablecería la paz en Puerto Príncipe. Pero los secuestros aumentaban dramáticamente y los enfrentamientos internos en el seno de la federación de la G9 provocaron más violencia.

Poco antes del asesinato del presidente, la G9 había roto lazos con el PHTK, el partido de Moïse, debido a que su control sobre una gran parte de Puerto Príncipe le permitía influir en un número significativo de colegios electorales, especialmente en áreas como Martissant y Bajo Delmas. Por lo tanto, la G9 tenía la capacidad de ofrecer sus votos a otros políticos. De hecho, la muerte de Moïse no parece haber afectado mucho a la G9, denunciaba la agencia del Vaticano.

En cambio, las bandas asociadas a la G9 aprovecharon la inestabilidad generalizada después de la muerte de Moïse para expandir su territorio y consolidar su control sobre infraestructuras clave, como la Terminal Varreux, la mayor terminal petrolera de Haití. Además, la G9 se ha unido a otras 11 bandas delictivas para formar lo que se conoce como la G20, relata la agencia de información que responde al Vaticano.

El principal rival de la G9 es la G-PEP, una federación de bandas creada específicamente para contrarrestar la influencia

de la G9 y que cuenta con un amplio respaldo de los opositores políticos del PHTK. La banda G-PEP, liderada por Gabriel
Jean-Pierre, alias *«Ti Gabriel»*, se enfrenta frecuentemente a la
G9 por el control de territorios clave en Puerto Príncipe, especialmente en la zona de Cité Soleil, que ha sido durante mucho
tiempo un bastión de la G-PEP. Desde 2022, los habitantes de
Cité Soleil han sido rehenes de los enfrentamientos entre bandas, obligados a vivir en condiciones inhumanas y sin acceso
a servicios básicos como agua, electricidad y atención médica,
afirma la agencia católica.

Los informes de Fides indican que «una de las bandas que
finalmente se afilió a la G-PEP es la de los 400 Mawozo, la mayor banda individual de Haití, conocida por el secuestro de 17
misioneros protestantes estadounidenses y canadienses en 2021.
Como resultado, el segundo al mando de la banda, Germine Joly,
fue arrestado y extraditado a Estados Unidos en 2022, donde enfrenta cargos no solo por el secuestro de ciudadanos estadounidenses, sino también por tráfico de armas. El FBI continúa
buscando al líder de los 400 Mawozo, Joseph Wilson, alias
'Lanmò San Jou' (la muerte no tiene hora señalada). La banda de
los 400 Mawozo se dedica principalmente al secuestro en masa,
incluidos algunos sacerdotes y misioneros católicos».

La agencia de la Iglesia Católica sostiene que «una de las bandas no afiliadas a ninguna federación delictiva específica es la
Fantom 509. Se trata de un grupo bien armado compuesto por
expolicías y agentes en servicio activo que han llevado a cabo ataques contra edificios e instalaciones gubernamentales para de-
mandar mejores salarios y condiciones laborales para los policías».

Las siglas «Fantom 509» surgieron por primera vez en
2018, durante protestas organizadas por el sindicato de la

policía nacional de Haití (SPNH) para exigir mejoras salariales y condiciones de trabajo. Sin embargo, según reportes de los medios de prensa locales, el sindicato policial se ha distanciado del grupo Fantom 509. «Ante la incapacidad de las fuerzas policiales para contener la situación, han surgido formaciones parapoliciales conocidas como *Bwa Kale* (madera pelada), compuestas principalmente por grupos de civiles armados con armas improvisadas.

Estos grupos persiguen y ejecutan a presuntos miembros de las bandas criminales, a menudo quemando sus cuerpos, en un acto de "justicia por mano propia"», sostienen. Sin embargo, esta práctica conlleva el riesgo de generar nuevas bandas criminales, como ha sucedido en otras partes del mundo, multiplicándose en numerosas organizaciones criminales. Algunos de estos grupos han evolucionado hacia actividades criminales, como la extorsión, el tráfico de armas y drogas, y los asesinatos por encargo, denuncia la agencia de información del Vaticano.

El aumento de la violencia en Haití en los últimos meses ha generado una grave crisis en la seguridad alimentaria y ha provocado un aumento en el número de desplazados. Mientras el país enfrenta esta situación sin precedentes, las familias luchan por cubrir sus necesidades más básicas, al tiempo que crece la desesperación. La guerra devastadora entre bandas se intensificó a finales de marzo de 2024, con grupos rivales fuertemente armados desatando nuevas oleadas de violencia, que incluyeron ataques a delegaciones extranjeras, comisarías de policía y al aeropuerto internacional.

La Oficina del Alto Comisionado de las Naciones Unidas para los Derechos Humanos (ACNUDH) calcula que la violencia de las bandas se cobró 4451 vidas e hirió a 1668 en 2023. Solo en los primeros tres meses de 2024, hasta el 22 de marzo, 1554 personas murieron y 826 resultaron heridas.

En medio del caos que atraviesa Haití, la llamada tierra del vudú, su economía sigue tambaleándose. La falta de oportunidades económicas, junto con el colapso del sistema de salud y el cierre de escuelas, arroja una sombra de desesperación que lleva a muchos a considerar la migración como su única opción viable, y lo hacen de cualquier forma, incluso apelando a las redes de tráfico de personas. Muchos haitianos terminan en América del Sur o mueren en el peligroso Tapón del Darién al embarcarse en precarias barcas en su intento por llegar a Estados Unidos.

El gobierno haitiano ha comenzado los preparativos para recibir a fuerzas de seguridad kenianas que, al amparo del mandato de la ONU, deben llegar próximamente para ayudar a las fuerzas locales a intentar retomar el control del país. Contratistas civiles llegaron a Haití para construir alojamientos para una fuerza de seguridad internacional dirigida por Kenia y destinada a contrarrestar la violencia de las bandas en el país caribeño, informaba el Comando Sur estadounidense.

El Consejo de Seguridad de la ONU aprobó la creación de la misión multinacional de apoyo a la seguridad para ayudar a la policía haitiana en el combate contra las bandas que asolan la mayor parte de la capital, Puerto Príncipe.

Kenia se comprometió a enviar 1000 agentes para dirigir la fuerza, pero su despliegue se ha retrasado repetidamente, primero por impugnaciones judiciales y después por un aumento de la violencia en Puerto Príncipe que obligó al entonces primer ministro Ariel Henry a dimitir. Jamaica, Bahamas, Barbados, Benín, Chad y Bangladés también han prometido aportar personal a la fuerza.

Los cárteles llegaron al Sur

Hace pocos años, los cárteles narcotraficantes se estaban consolidando para controlar el mercado criminal en el norte del continente americano. Muchos dudaron que sus redes criminales e influencia se extendieran, pero se equivocaron. Los poderosos cárteles narcoterroristas de México y Colombia ya llegaron y se instalaron en el sur del continente.

«El cártel de Sinaloa y sus nuevos amigos pueden convertirse en la entidad dominante del crimen organizado en todo México», según afirmaba en 2011 un reporte de Stratfor, una empresa privada de análisis de inteligencia y seguridad internacional al servicio de varias agencias del gobierno de Estados Unidos y de empresas multinacionales que tienen negocios en la región.

La entidad calculaba un aumento entre 60 % y 70 % de los homicidios en 2010 respecto al año anterior. Desde diciembre de 2006, cuando el gobierno del entonces presidente mexicano Felipe Calderón lanzó una ofensiva militar contra el narcotráfico, se contabilizaron más de 30 200 muertos, casi la mitad de ellos en 2010, según cifras oficiales. Stratfor daba cuenta del nacimiento a principios de 2009 de la Nueva Federación como consecuencia de la ruptura entre el cártel del Golfo y Los Zetas, sus antiguos subordinados.

El cártel del Golfo acudía a su viejo enemigo Joaquín «El Chapo» Guzmán (hoy en prisión), cabeza del entonces cártel de Sinaloa, así como a La Familia, una organización criminal que operaba desde el estado de Michoacán. La Nueva Federación, una versión actualizada de una alianza entre cárteles que operaba en

México hasta 2008, tenía como enemigo común a Los Zetas, pero cada uno de sus miembros seguía operando sus respectivas rutas para el tráfico. Los Zetas estuvieron a la defensiva por el avance del cártel del Golfo en sus territorios tradicionales y fueron blanco de las fuerzas militares mexicanas, aseguraba la consultora.

Creados en los 90 por militares de élite que desertaron para trabajar con el cártel del Golfo, Los Zetas se habían extendido por toda la costa este mexicana, desde el estado de Tamaulipas, frontera con Estados Unidos, hasta los límites con Guatemala.

El cártel de Sinaloa, asentado principalmente sobre el Pacífico, controlaba gran parte de la frontera con Estados Unidos desde la ciudad de Tijuana, en el extremo noroeste, hasta Ciudad Juárez, una franja limítrofe con los estados estadounidenses de California, Arizona, Nuevo México y Texas.

La organización de «El Chapo», que está en prisión y por quien Estados Unidos y México habían ofrecido millonarias recompensas, pactó en esos años con el cártel de los hermanos Arellano, en Tijuana, y recuperaba por esos años «el control del territorio clave en la región con claras ventajas tácticas y de negocios sobre el cártel de Juárez», reducido a dos zonas urbanas, añadía el documento.

Los expertos en seguridad consideraban que el entonces presidente Calderón requeriría de asistencia extranjera para controlar la seguridad, sobre todo en el norte del país. Pero esa opción era poco probable debido al rechazo político que generaba.

Por otra parte, la lucha que libraban las fuerzas de seguridad en México contra los grupos criminales ha forzado a los narcotraficantes a modificar sus estrategias y rutas en Centroamérica.

Centroamérica entró en 2011 en una fase «extraordinariamente crítica» a causa de la violencia desatada por el narcotráfico, pero muy especialmente por la actividad del grupo delictivo Los Zetas, que en ese momento se estaba apoderando del mercado de la cocaína y las anfetaminas, alertaba el entonces embajador mexicano ante la ONU, Jorge Montaño.

La situación creada por las operaciones del crimen organizado mantenía amenazada la paz y la estabilidad en Centroamérica, según explicaba Montaño. Más de 6500 homicidios en Guatemala durante 2010 demuestran que las organizaciones del narcotráfico estaban invadiendo Centroamérica.

Un mapa elaborado por Stratfor revelaba que una buena parte de los cargamentos de cocaína se movía por tres rutas. La primera desde Colombia y llegaba por aire a El Salvador, Honduras y Guatemala, desde donde era introducida en México por tierra vía Chiapas, Oaxaca y Guerrero. La segunda entraba por el Pacífico y llegaba a México a través de Acapulco y Puerto de Lázaro Cárdenas, desde donde la droga se reenvía a Puerto Vallarta, Mazatlán y Culiacán. La tercera iba por el golfo de México y el Caribe procedente de Colombia, Venezuela y Brasil. Llegaba a las ciudades mexicanas de Veracruz y Cancún.

Además, la existencia de un brazo armado del cártel mexicano de Sinaloa en Ecuador y Perú, denunciada en esos años en Lima por la fiscalía antidrogas, era percibida como una etapa hacia la implantación de esa organización criminal en el resto de América del Sur. Un operativo antidrogas simultáneo de las policías peruana y ecuatoriana en Ayabaca (norte de Perú) y Loja (sur de Ecuador), respectivamente, ponía bajo reflectores a ese brazo armado de dos cabezas, sospechoso de haber asesinado a 24 policías y civiles en Perú. La información se filtró a la prensa en enero, pero la acción policial en ambos países se realizó el 12 de noviembre de 2010.

La presencia del cártel de Sinaloa en Perú ha ido de menos a más desde 2000 y la existencia de una banda armada, que actuaría a sueldo para ellos, va en la dirección de la hipótesis policial de que los mexicanos extienden sus brazos para controlar el mercado regional de la cocaína, indicaban los expertos.

Según afirmaba la Policía peruana, el 70 % del negocio lo maneja el cártel de Sinaloa, seguido por el cártel del Golfo y el cártel de Tijuana, que actuaban con apoyo de socios peruanos y colombianos.

El entonces zar antidrogas peruano, Rómulo Pizarro, presidente de la Comisión para el Desarrollo y Vida sin Drogas, había declarado en noviembre de 2009 que tres cárteles mexicanos dominaban el negocio de las drogas en Perú, uno de los países productores mundiales de cocaína.

En el vecino Ecuador, la fiscalía, durante 2011, anunciaba la detención del líder del brazo armado del cártel de Sinaloa en ese país tras operativos contra la organización en Loja. El líder sería el colombiano Rubén Castro Gómez, según afirmaba la fiscalía.

Perú y México coordinaron esfuerzos contra el narcotráfico, con apoyo de Estados Unidos, desde fines de 2008, luego de que el fallecido presidente Alan García denunciara que los cárteles mexicanos intentaban capturar el mercado peruano de drogas desplazando a sus pares colombianos. Los cárteles mexicanos empezaron a penetrar el mercado peruano de la droga durante la década de 2000, tras el repliegue de los cárteles colombianos a su país, según afirmaba el fallecido presidente García.

Los brazos de los cárteles mexicanos, al igual que los colombianos, y las poderosas organizaciones criminales brasileñas cruzan las fronteras, mutan y ya se instalaron peligrosamente en el sur del continente. Recientemente, Ecuador fue uno de estos casos, con el saldo de un candidato presidencial asesinado y un duro enfrentamiento de las fuerzas de seguridad contra las bandas narcoterroristas.

Las organizaciones Los Choneros y Los Lobos son los dos grupos criminales ecuatorianos más grandes y tienen vínculos con el cártel de Sinaloa y el cártel Jalisco Nueva Generación, respectivamente. Se calcula que tienen unos 12 000 hombres armados, muchos de ellos reclutados entre jóvenes de barrios populares de las principales ciudades ecuatorianas.

Estas organizaciones manejan desde narcotráfico hasta sicariato y extorsión, entre otros actos delictivos. Por otro lado, a Los Lobos también se les ha acusado de practicar la minería ilegal, comercializar productos falsificados y trata de personas, además de otros crímenes y atentados. El presidente Daniel Noboa construyó su plataforma política centrada en la lucha contra la inseguridad en Ecuador, que en 2023 contabilizaba 47,2 homicidios por cada 100 000 habitantes.

A pocos meses de haber llegado al poder, Noboa implementó el estado de excepción en el país, argumentando que el combate estatal contra los grupos criminales dentro del territorio ecuatoriano podía ser clasificado como un «conflicto armado interno», catalogando a las pandillas y demás organizaciones violentas como terroristas y grupos no beligerantes. Además, dio luz verde a la entrada del Ejército en los centros penitenciarios del país, muchos de ellos escenarios de masacres y numerosos botines carcelarios en tiempos recientes.

El presidente de Panamá, José Raúl Mulino, también impuso la medida de «limpiar las calles de la delincuencia en la provincia de Colón y el distrito de San Miguelito», y ordenó una «depuración» en los aeropuertos en la lucha contra el narcotráfico.

«Deseo que exista el toque de queda en esos dos lugares porque son quizás las zonas más afectadas por este tema de pandillas. El narcotráfico modificó toda la estructura delictiva», indicó el mandatario.

Según las autoridades, estas bandas trafican drogas y blanquean dinero procedente del narcotráfico. Además, la mayoría de homicidios en el país están relacionados con estas asociaciones criminales. Panamá es utilizado como puente de la droga que se produce en Sudamérica y que tiene como destino principal EUA, y también Europa. Además, enfrenta el tráfico de personas a través de la selva del Tapón del Darién.

Los cárteles mexicanos del Golfo y Jalisco Nueva Generación son de los actores más relevantes en cuanto al crimen organizado y el tráfico de drogas en esa región. Además, la frontera colomboecuatoriana es otro de los puntos históricos en donde operan los narcoterroristas de ambos países.

El cártel de Sinaloa tiene presencia en más de 100 países, mientras que en sus filas hay más de 26 000 integrantes, según afirmaba la DEA. Ismael Mario Zambada García, líder histórico del cártel de Sinaloa, y Joaquín Guzmán López, hijo del conocido narcotraficante «El Chapo», fueron detenidos en Texas. El capo conocido como «El Mayo» y Guzmán López, que también jugaba un rol importante en la organización criminal, están ahora bajo custodia de las autoridades estadounidenses.

Según el Departamento de Estado de EUA, Zambada también es dueño de varios negocios legítimos en México, incluida «una gran empresa lechera, una línea de autobuses y un hotel», así como activos inmobiliarios. Ambos enfrentaban múltiples cargos «por liderar las operaciones criminales del cártel, incluidas sus letales redes de fabricación y tráfico de fentanilo», indicaba el Departamento de Estado de EUA en un comunicado. La operación de las fuerzas de seguridad estadounidenses contó con la colaboración de uno de los hijos de «El Chapo» Guzmán.

Si bien es posible que todavía no se pueda comparar la situación de los países del cono sur con la de México y la de Colombia, las naciones sudamericanas están mostrando analogías alarmantes en cuanto a las prácticas asociadas al crimen organizado, sostienen recientes informes. Por ejemplo, se han observado indicios de control territorial por pandillas criminales, sicariato, al igual que otros fenómenos que hasta ahora no eran habituales en el país, como los «narcofunerales».

En relación con la producción, América Latina concentra casi la totalidad de producción global de hoja de coca, pasta base de cocaína y clorhidrato de cocaína. Posee, además, una producción de marihuana que se extiende hacia distintos países y zonas, destinada tanto al consumo interno como a la exportación. Y, crecientemente, produce amapola y elabora opio y heroína, sumado a drogas sintéticas y el peligroso fentanilo.

La atomización y composición actual de las bandas criminales, los negocios que llevan adelante, la amplitud del territorio hasta donde llegan sus brazos y el anonimato de muchos de sus líderes son algunos de los factores que están detrás de esa transformación de las organizaciones delictivas que se reinventan para sus millonarios negocios al margen de la ley.

En conversación con BBC Mundo, Jeremy McDermott, codirector de InSight Crime, una institución que se especializa en investigar el crimen organizado en América, afirmaba que «ya no hay cárteles que controlan todos los vínculos en la cadena de una actividad criminal. Ahora, todos dependen de otros grupos criminales», señalaba.

Con esto, las líneas de suministro se hacen más eficientes. Y el trabajo de la policía, más difícil, indicaba el experto. «La corrupción siempre ha sido un problema, pero hoy en día la democracia está más sitiada que nunca por el crimen organizado. Vemos la penetración sistemática hacia el Estado por parte de estos grupos», sostenía.

Por ejemplo, el Primer Comando de la Capital (PCC) crece y se consolida, pasando su hegemonía de São Paulo a casi todos los estados brasileños, y ahora a Paraguay, Argentina, Bolivia, Chile y Perú, mientras continúa con el tráfico a Europa y África.

La organización criminal Tren de Aragua ya se ha ramificado en América del Sur. La organización venezolana se ha expandido hacia países como Chile, Perú y Colombia, entre otros. Se dedican a la trata de personas y la explotación de migrantes, además de secuestros, extorsiones, minería ilegal y tráfico de drogas. Su líder se llama Héctor Rustherford Guerrero Flores, alias «Niño Guerrero», y en septiembre de 2023 se escapó de la cárcel venezolana de Tocorón.

El jefe de la Interpol en Lima, José Luis Quiroga, afirmaba que «el gobierno peruano, a través del portal del programa de recompensas del Ministerio del Interior, está ofreciendo la suma de 500 mil soles para la persona o personas que ofrezcan cualquier información que conduzca a la captura del alias "Niño Guerrero"».

Las rutas se han multiplicado y en muchos países del sur del continente el tema del narcoterrorismo ya es un problema grave y creciente. En la actualidad, las organizaciones criminales tienen instaladas redes que llegan para asociarse con bandas y grupos locales con el consiguiente aumento de enfrentamientos y violencia por el mercado ilícito y el territorio, y la amenaza a las sociedades democráticas.

En Argentina, la ciudad de Rosario ha enfrentado en los últimos años una situación de violencia por la disputa del control territorial de las bandas de narcotraficantes. Un análisis de los expertos de Insight Crime de 2022 advertía de que la propagación de la violencia durante la última década en Rosario, provincia de Santa Fe, coincide con el crecimiento de la banda Los Monos, así como con el reclutamiento por parte de este grupo de bandas más pequeñas en toda la ciudad. Cientos de muertos y millonarias ganancias por las acciones de los narcoterroristas son el saldo.

El gobierno utilizó a las fuerzas federales para intentar controlar la situación. Puso en marcha un comité de crisis y anunció el envío a la ciudad, que tiene puertos sobre una hidrovía utilizada por narcotraficantes locales y extranjeros, de Fuerzas Armadas para ser sostén logístico y táctico de todos los efectivos federales que ya están operando, incluyendo a la policía, la prefectura y la gendarmería. «Hoy ya estamos hablando de narcoterrorismo», aseguraba la ministra de Seguridad argentina Patricia Bullrich al presentar el plan.

Hasta el papa Francisco, en una de sus intervenciones, alertaba también sobre lo que enfrentaba su país natal y daba cuenta sobre el peligro de que la Argentina se «mexicanice», ante el avance del crimen organizado.

Otro de los temas que preocupan a los gobiernos de Argentina y Chile es la creciente beligerancia de las comunidades mapuches con atentados y acciones violentas. En Argentina, estos grupos armados han tomado tierras públicas y privadas, mientras que en Chile hay investigaciones que los vinculan a la guerrilla de las FARC. Las organizaciones han sido acusadas de asesinar a policías, extorsionar a empresarios y quemar grandes predios. Se sospecha que también negocian con narcotraficantes en los territorios que controlan.

Las rutas de la droga producida en Colombia, Perú y Bolivia pasan por la porosa frontera por aire, agua y tierra, y llegan a territorio argentino de la mano de la corrupción.

En Chile también hay preocupación por el avance y aumento del narcotráfico. De acuerdo con Insight Crime, si bien Chile evitó durante mucho tiempo estas amenazas que llegaban de otros países, ahora ya tiene instalados a estos grupos. «Naciones como Argentina y Chile, si no toman las medidas apropiadas, estarían siguiendo el camino de Ecuador.

Las mafias mexicanas del narcotráfico se están expandiendo porque son empresas transnacionales», señalaba David Saucedo, analista en Seguridad. El experto advertía, además, de que el narcoterrorismo, como el vivido en México, Colombia y Ecuador, podría asentarse en otros países de América Latina. «El combate al narco provoca que se levanten en armas y ataquen a la población civil y busquen erosionar la democracia, atentando contra líderes políticos», agregaba Saucedo.

Pese a la ola de violencia, América Latina no ha impulsado una estrategia común para enfrentar al narcotráfico debido a las complejidades políticas y sociales de cada país, aunque algunos gobiernos —México, El Salvador, Colombia y Ecuador— han recurrido a los militares. Esa opción, afirmaron los expertos, no tiene consenso en otros países.

El aumento de envíos de droga a Europa a través de Uruguay y las operaciones económicas ilegales de grupos criminales también ha elevado la preocupación en ese país, que ha tomado nuevas medidas para su combate e incautación. Sin embargo, el gobierno uruguayo ha pedido a la Administración de Control de

Drogas de EUA que regrese sus operaciones al país para ayudar en el combate contra la narcocriminalidad.

Los narcotraficantes extranjeros utilizan la porosidad de las fronteras que Uruguay comparte con Argentina y Brasil y llegan a Montevideo como base de operaciones y logística para el narcotráfico. Desde la terminal portuaria parten contenedores paraguayos con droga camuflada hacia Europa, afirman expertos. El gobierno uruguayo debió desplegar efectivos de las Fuerzas Armadas en la frontera uruguayo-brasileña para combatir todo tipo de delitos y redes criminales al margen de la ley. También reglamentó una Ley de derribo de aviones para disuadir a los narcotraficantes.

La importancia estratégica para la región de la Hidrovía Paraguay-Paraná y la Triple Frontera son puntos que también son claves en las operaciones del narcoterrorismo, lo que preocupa a los gobiernos de Uruguay, Argentina y Paraguay, así como a otros países de la región.

En los últimos tiempos, el narcotráfico acaparó la agenda de la prensa de Uruguay, Paraguay y Bolivia por la búsqueda del narcotraficante uruguayo prófugo de la justicia Sebastián Marset, quien tendría vínculos con varios grupos criminales en distintos lugares del mundo, incluido el Clan Insfrán, de Paraguay, entre otras organizaciones, según algunos investigadores y medios de comunicación. Se le asocia principalmente con narcotráfico hacia Europa y lavado de dinero.

El problema sigue en ascenso y extendiéndose en el continente. Según la Oficina de las Naciones Unidas contra la Droga y el Delito (ONUDD), todos los 21 países de América Latina, excepto tres, son ahora principales países de origen o tránsito de la cocaína.

La sinuosa Triple Frontera

La vinculación entre la Triple Frontera y el terrorismo islámico subió a los primeros lugares de la agenda de seguridad de los países de la región, así como del gobierno de Washington, después de los atentados del 11 de septiembre de 2001 en Nueva York y Washington, atribuidos a la red Al-Qaeda liderada por el saudita Osama bin Laden.

En ese contexto, rápidamente comenzaron a surgir análisis en los cuales se aseguraba que la mencionada organización terrorista estaba conectada con la zona tripartita; manteniendo al tanto de sus actividades a algunos miembros de la colectividad árabe en el lugar, o poseyendo facilidades logísticas y seguidores.

La hipótesis primaria, que apunta a que miembros de la colectividad árabe de la Triple Frontera tuvieran acceso previo a los planes de Al-Qaeda, aun antes de que los mismos se llevaran a cabo, cobra asidero a partir de un hecho aparentemente anecdótico. Gueddan Abdel Fatah, un estudiante marroquí de 27 años, fue arrestado en 2001 en Brasil acusado de asaltar un taxi en São Paulo. Fue condenado a cumplir una condena de 64 meses. El joven solicitó a su abogada que entregara con urgencia una carta a las autoridades brasileñas, estadounidenses e israelíes; quería alertarlas sobre «dos explosiones» que tendrían lugar en EUA

El 10 de septiembre de 2001, al enterarse de que su abogada no había tomado en serio sus advertencias y no había entregado los mensajes, el marroquí se puso furioso y dijo que «ya era tarde para evitar una tragedia». Posteriormente a los ataques terroristas de Washington y Nueva York, el marroquí Fatah dijo a las autoridades brasileñas que el plan de los atentados lo había escuchado en la mezquita de Foz de Iguazú.

La hipótesis de máxima, o sea la presencia de logística de Al-Qaeda en la zona de la Triple Frontera, es una versión que parece haber surgido inicialmente del juez brasileño Walter Fanganiello Maierovitch, quien estaba considerado un especialista en la materia y que presidió el Instituto Brasileño de Ciencias Criminales Giovanni Falcone.

Desde la perspectiva de Maierovitch, en realidad lo que estaba haciendo Al-Qaeda era captar parte de la estructura con que contaba Hezbolá en la zona, capitalizando un presunto debilitamiento de ese grupo libanés proiraní. La misión encomendada a los flamantes miembros de la organización en la zona habría sido entrenar y albergar células terroristas.

Este enfoque volvió a cobrar impulso el 22 de noviembre de 2001, cuando la revista estadounidense *Time* informó que desde la zona de Triple Frontera se enviaban remesas de dinero a la organización de bin Laden, más concretamente a su responsable financiero, Mustafá Ahmed. La información fue considerada como probable ese mismo día por el entonces canciller de Brasil, Celso Lafer, quien admitió por primera vez esa posibilidad.

Una semana después, la investigación de *Time* fue ratificada por *O Globo* en Brasil. Citando como fuente a uno de los investigadores, el periódico carioca sostuvo que la Oficina Federal de Investigaciones (FBI) y la Agencia Central de Inteligencia (CIA) estadounidenses habían comprobado que la Triple Frontera se había transformado en «el principal centro de operaciones en América Latina» de Al-Qaeda.

Respecto a lo publicado una semana antes por *Time*, en este caso se aseguraba que las funciones de los seguidores de bin

Laden en la región no se limitaban a la recolección de fondos, sino a la incursión en el negocio del tráfico de heroína; a tal efecto, la organización terrorista buscaba formar una alianza con los cárteles colombianos y con las FARC.

Agregaba *O Globo* que la zona, con su alta concentración de inmigrantes de Medio Oriente, facilitaba el desplazamiento en la zona de los simpatizantes de bin Laden; que el otro foco de importancia del terrorismo islámico en América Latina era la ciudad colombiana Maicao, próxima a la frontera con Venezuela, donde el 70 % del comercio local es controlado por su comunidad islámica, en la cual existen células del grupo Hezbolá.

Finalmente, en ambos focos geográficos los comerciantes de procedencia árabe destinaban del 10 % al 30 % de sus ganancias a las organizaciones terroristas. Los responsables de la recaudación remitían el dinero por medio de bancos de Maracaibo (Venezuela) y Panamá. A veces una parte era llevada personalmente por emisarios de dichos grupos extremistas.

La estructura terrorista que lideraba globalmente bin Laden excedía a la mencionada organización para alcanzar la forma de un «pool» o «holding»: el Frente Islámico Internacional para la Yihad contra los Judíos y los Cruzados (Al-Jabhah al-Islamiyyah al-Alamiyyah li-Qital al-Yahud wal-Salibiyyin), del cual formaban parte las organizaciones egipcias Gamaa Islamiyya y Al-Jihad, entre otras.

La organización Al-Jabhah, miembro de Gamaa, tiene importantes antecedentes terroristas y sí había estado radicada algunos meses en Ciudad del Este. El egipcio El Said Asan Ali Mohamed Mokhles, participante del atentado perpetrado en 1998 contra turistas occidentales en el templo de Luxor, con un saldo de 58 muertos, fue la prueba. Mokhles, quien vivió en

Arabia Saudita y habría estudiado en Afganistán, fue detenido a principios de 1999 en la localidad uruguaya de Chuy, frente a la ciudad del mismo nombre en Brasil, al otro lado de la frontera.

El egipcio, que provenía de la zona de Triple Frontera, intentaba ingresar a Uruguay con un pasaporte falso adquirido en Ciudad del Este. Fue formalmente acusado de terrorismo por las autoridades egipcias, que solicitaron su extradición. Preso en Montevideo y luego de varias instancias judiciales, fue extraditado hacia El Cairo por el gobierno uruguayo.

Las débiles políticas públicas de los gobiernos nacionales de Argentina, Brasil y Paraguay provocaron que la Triple Frontera se volviera un lugar de tránsito frecuente para las organizaciones criminales, facilitando el lavado de dinero, el tráfico de drogas y armas, el contrabando de bienes, entre otros crímenes.

En esa zona «existe un fuerte financiamiento a las actividades terroristas a partir de dinero proveniente de delitos conexos, como fraudes con tarjetas de crédito, evasión de impuestos, megapiratería, narcotráfico, venta de productos falsificados», explicaban expertos.

Allí conviven varias organizaciones criminales y de distinto origen, refrendando esa máxima de que más allá de sus intereses, negocian y hacen alianzas para evadir la represión de las fuerzas de seguridad. Primeiro Comando da Capital (PCC), la mayor organización criminal brasileña con unos 30 000 miembros, según el analista Leonardo Coutinho, ha mostrado tener vínculos con Hezbolá, el grupo terrorista libanés proiraní vinculado al lavado de dinero de los cárteles de droga.

Según el experto, el grupo fundamentalista islámico es la segunda organización terrorista más poderosa en la Triple Frontera. Desde 2010, la organización criminal brasileña

Primeiro Comando da Capital ha ejercido una influencia significativa al otro lado de la frontera con Paraguay, donde ha dominado el mercado del tráfico de drogas y de armas.

Esto ha provocado una oleada de violencia en el país, sobre todo debido a los ataques del grupo contra el Estado, el sector privado y otras organizaciones criminales bien armadas por el control del territorio y los negocios ilegales. La expansión del PCC a los países vecinos y su conexión con redes internacionales subrayan la creciente influencia del grupo en América del Sur, en el MERCOSUR.

En la zona fronteriza entre Argentina, Brasil y Paraguay se estima que vivían unos veinte mil ciudadanos de origen árabe, en su mayoría libaneses, la mitad de los cuales tiene negocios en Ciudad del Este, segunda población de Paraguay que se intercomunica con Foz de Iguazú (Brasil) y Puerto Iguazú (Argentina) por el Puente de la Amistad sobre el río Paraná.

Muchos expertos creen que quienes consumaron los atentados terroristas contra la comunidad judía ocurridos en Argentina contra la AMIA (1994) y la Embajada de Israel (1992) partieron desde la zona de la Triple Frontera.

El asesinado fiscal argentino Alberto Nisman, cuando estaba a cargo de la investigación del ataque terrorista a la organización judía AMIA en Buenos Aires, sostenía que podría haber otro atentado iraní en la región. Nisman también consideraba «grave» que Venezuela, Nicaragua, Ecuador y Bolivia permitían «la entrada a grupos fundamentalistas islámicos iraníes» que luego podían «recorrer libremente toda Sudamérica».

Argentina ha pedido la captura de altos funcionarios iraníes, a quienes acusa de ser los responsables intelectuales del atentado contra la AMIA en 1994, que dejó 85 muertos y unos 300 heridos. Antes, los terroristas habían volado la embajada israelí en Buenos Aires con decenas de muertos y heridos.

El fiscal creía que había «información» que alertaba sobre «la eventualidad de que Irán ordenara un atentado en Latinoamérica, pero obviamente no en países amigos de ellos». La idea del régimen iraní sería «hacer sentir que ya están presentes en lo que se llama el "patio trasero" de Estados Unidos», explicaba el fiscal argentino en 2010, antes de ser asesinado.

Nisman consideraba «grave lo que está pasando en América Latina, pues hay varios gobiernos de la región que permitían la entrada de grupos fundamentalistas islámicos iraníes: Venezuela, Nicaragua, Ecuador y Bolivia». Sostenía también que «debido a los acuerdos del MERCOSUR, cuando un iraní consigue documentos venezolanos puede recorrer libremente toda Sudamérica».

Bolivia firmó un acuerdo de cooperación militar estratégico y secreto con Irán.

«Existe un fortalecimiento de las redes de Irán y de Hezbolá, sobre todo con una presencia poderosa de representantes iraníes de las fuerzas revolucionarias. Irán estableció un hospital cerca de La Paz, tiene presencia en las universidades, así como una embajada desproporcionadamente grande, por la importancia comercial y económica de la relación con Bolivia. Eso indica, probablemente, la presencia de inteligencia», sentencia el experto y politólogo Emanuele Ottolenghi.

Juan Félix Marteau, director del Centro sobre Seguridad Hemisférica, Terrorismo y Criminalidad Financiera de la Universidad de Buenos Aires, subraya «como país miembro del MERCOSUR, los bolivianos tienen la capacidad de ingresar y residir en la Argentina hasta dos años, sin necesidad de acreditar ningún documento.

Es una muy buena estrategia de Irán penetrar a un actor afín, como puede ser Bolivia, porque eso implica la capacidad de usar los activos bolivianos para penetrar en la comunidad argentina y provocar todo tipo de estragos: desde participación en marchas que organizan caos en Argentina, hasta la propia realización de un atentado», alerta.

Agencias gubernamentales y centros de estudio alertaban sobre la creciente presencia y expansión de redes vinculadas a Irán y a organizaciones terroristas como la libanesa Hezbolá o la palestina Hamas en países sudamericanos. Según varios informes, el gobierno de Teherán llevaba adelante su estrategia a través de «la creación de empresas fantasma usadas para blanquear fondos y eludir así las limitaciones resultantes de las sanciones aplicadas por las Naciones Unidas a Irán por su programa nuclear. Las mismas firmas son utilizadas para la adquisición de material sensible necesario para su desarrollo atómico, en particular uranio», explicaban los expertos.

En cuanto al grupo terrorista libanés Hezbolá, este contaría con células dormidas en la región, por lo que no descartaban la posibilidad de un accionar terrorista en América Latina, explicaban investigadores. Unos 3000 militantes de la organización libanesa Hezbolá, aliada de Irán, se encontraban en América Latina, aseguraba el Centro Simon Wiesenthal, que alertaba a la Cancillería argentina que estas «células» estaban preparadas para actuar en cualquier momento. Según el investigador Ivan Witker, de la Universidad de Chile, «la penetración iraní en América Latina responde a la decisión política de Teherán de demostrar capacidad internacional.

En 2008 inició una ofensiva hemisférica basada en acercamientos político-diplomáticos, apoyo a comunidades shií, y una asociación discursiva fuertemente antiestadounidense con sus interlocutores locales, Venezuela y los países del ALBA». Grace Jaramillo, coordinadora del área de estudios internacionales de la Facultad Latinoamericana de Ciencias Sociales, con sede en Quito, decía que «la relación con Venezuela, Bolivia y Ecuador se va a profundizar en ciertos temas, como la energía, armas y cooperación tecnológica».

La creciente influencia de Irán en Sudamérica también interfirió en la campaña electoral de Brasil, trayéndole al entonces presidente Lula y a su candidata Dilma Rousseff críticas de varios sectores, incluso del Partido Verde, de su exministra Marina Silva. «Brasil, como firmante del protocolo de no proliferación nuclear, debe tener una postura firme y contraria a esa política iraní, y además siempre debe sostener la defensa de los derechos humanos, independientemente de alineamientos políticos», afirmaba.

La exministra del Medio Ambiente sostenía que el presidente Lula «no debería» haberse entrevistado con su homólogo iraní, Mahmoud Ahmadinejad, en función de estos dos motivos. En su ataque más directo en 2010 a la política exterior de Lula, la exministra Silva señalaba que el diálogo debe supeditarse al respeto a los derechos humanos.

El entonces presidente iraní Ahmadinejad nombró a varios «asesores» en asuntos internacionales, entre ellos Mohammad Abbasi para América Latina. Abbasi, el entonces consejero presidencial, se desempeñaba como ministro de Cooperativas, según la información que trascendió.

En enero de 2009 fue el enviado de Ahmadinejad a Bolivia y Brasil, cuando se estaban produciendo los combates en la Franja de Gaza entre israelíes y el grupo terrorista palestino Hamas.

Durante la visita a La Paz del funcionario del régimen teocrático de los ayatolás, el gobierno del socialista y populista Evo Morales rompió relaciones con Israel.

Irán, además de expresar su apoyo total al entonces presidente de Ecuador, el también socialista y populista Rafael Correa, afirmaba que Estados Unidos e Israel estarían detrás del intento de quiebre institucional en el país sudamericano, según sostenía el entonces viceministro iraní para Asuntos de América Latina, Behrouz Kamalvandi. Con la constante expansión del régimen iraní en la región, el gobierno islamista puso en la agenda local el lejano conflicto en Medio Oriente, además de buscar evadir las sanciones que le impone la comunidad internacional.

El politólogo Emanuele Ottolenghi, de la Fundación para la Defensa de las Democracias, asegura que la presencia en países latinoamericanos de Hezbolá «está documentada». En el caso concreto de Chile, Ottolenghi, experto en el conflicto árabe-israelí y sus repercusiones en Latinoamérica, asegura que las redes de Hezbolá se nutren del creciente narcotráfico que sufre el país sudamericano, una situación que Hezbolá podría aprovechar «para actividades de blanqueo».

«La presencia de Hezbolá en Chile ya se mencionó hace 20 años, con las primeras sanciones estadounidenses contra Hezbolá en América Latina. No es un problema reciente», destaca Ottolenghi.

Danilo Gelman, experto en terrorismo internacional del Latin American Jewish Congress, recuerda a la cadena alemana DW que, en Santiago, la capital chilena, «existen unos 100 musulmanes shiítas y se calcula que hay más de mil en todo Chile, que dependen del sheik que vive en Buenos Aires, quien tiene una relación directa con Irán, el principal enemigo de Israel».

«Las actividades terroristas y subversivas de Hezbolá, y en parte de Irán, se basan en las comunidades chiítas libanesas dispersas por el mundo. En América Latina, se concentran en comunidades shiítas que viven en áreas de libre comercio: Triple Frontera, Iquique en Chile, Isla Margarita en Venezuela, Panamá…», enumera a DW Ely Karmon, investigador principal del Instituto Contra el Terrorismo del Centro Interdisciplinar de Herzliya, en Israel.

Precisamente en Iquique, según Karmon, tenía actividades comerciales el grupo de Assad Ahmad Barakat, un paraguayo de origen libanés, detenido en 2018, al que Estados Unidos acusaba de tener vínculos con Hezbolá, organización para la que recaudaba y lavaba dinero.

En Argentina, la Unidad de Información Financiera (UIF) ordenó en 2024 congelar todos los bienes de dos personas que están incluidas en el listado oficial de terroristas, de las cuales una de ellas sería uno de los principales financistas de Hezbolá, el grupo acusado de ser el autor del atentado a la organización social judía AMIA.

La UIF notificó que «se dispone el congelamiento administrativo de bienes y dinero por seis meses de los señores M. F. (un colombiano que reside en la provincia de Córdoba) y Tawfiq Muhammad Sa'id Al-Law, de nacionalidad siria».

Según una investigación del Departamento del Tesoro de Estados Unidos, se determinó que Al-Law «mueve dinero por todo el mundo a través de empresas, pantallas y de criptomonedas para financiar atentados terroristas en todo el planeta». Las operaciones habrían alcanzado los 1,5 millones de dólares.

Asimismo, el informe del gobierno estadounidense establece que el ciudadano sirio usa una empresa con sede en Kuwait para hacer de pantalla y transferir dinero para comprar bienes para las acciones terroristas que lleva adelante Hezbolá contra objetivos israelíes y occidentales.

La amplia presencia de Irán y Hezbolá en América Latina va más allá de los niveles normales políticos, económicos, sociales y culturales y trepa hacia una zona peligrosa de terrorismo y subversión, o el lavado de dinero, amenazando no solo intereses de actores externos, sino posiblemente la misma estabilidad de los países anfitriones, explican centros de estudio y expertos.

Nuevas Fuerzas Armadas
para nuevas amenazas

¿Qué Fuerzas Armadas (FF. AA.) necesita América Latina ante las nuevas amenazas? Esa es la pregunta que se hacen hoy políticos, militares, académicos y expertos en seguridad y defensa. Lo cierto es que el futuro de las FF. AA. y sus nuevos roles está en discusión desde hace tiempo, aunque en muchos casos no lo suficiente ante los cambiantes escenarios.

Los conflictos armados, terrorismo, ciberataques, crimen organizado, narcotráfico, crisis económicas, espionaje, entre otros, ahora se combinan para conformar amenazas híbridas de gran alcance, coordinadas y sincronizadas, aprovechando factores que las favorecen, como la globalización, las nuevas tecnologías y su rápido desarrollo, la multidimensionalidad y el gran alcance comunicacional. Desde hace más de treinta años, la cuestión de la hibridación de los conflictos armados ha adquirido gran importancia en el ámbito de la seguridad internacional y los efectos en las relaciones entre Estados, según indican algunos expertos.

El cambio de las misiones militares hacia tareas que no son tradicionales, el uso de las FF. AA. en misiones internacionales por organizaciones que trascienden a los Estados, y la internacionalización de las fuerzas militares son hoy una realidad, más allá de las teorías convencionales.

Tras los atentados terroristas perpetrados en Washington y Nueva York el 11-S, el campo de la seguridad internacional experimentó un profundo cambio. En líneas generales, esa alteración consistió en una flexibilización de los tradicionales paradigmas «westfalianos» y «clausewitzianos», que tienden a vincular el uso de la fuerza con actores estatales, dinámicas interestatales, y generalmente en modalidades simétricas.

Con posterioridad a los atentados, la seguridad internacional se volvió crecientemente postwestfaliana y postclausewitziana. Las principales fuentes de agresión e inestabilidad internacionales comenzaron a ser englobadas bajo el concepto de nuevas amenazas.

Amenazas asociadas a actores no estatales, dinámicas transnacionales y empleo de la violencia en formas alternativas a la militar, con un fuerte sesgo asimétrico. El entonces secretario de Defensa de Estados Unidos, Donald Rumsfeld, argumentaba, al referirse a la defensa y seguridad, que «la paz del hemisferio se fundamentará sobre los pilares de la democracia, la oportunidad y la seguridad, porque la seguridad es el cimiento imprescindible sobre el cual la democracia, la oportunidad y la prosperidad se construyen».

«Las nuevas amenazas del siglo XXI no reconocen las fronteras; los terroristas, traficantes, criminales forman una combinación antisocial que desestabiliza cada vez más la sociedad civil y a menudo estos enemigos se refugian en las regiones fronterizas y fuera del alcance efectivo de los gobiernos», sostenía el jefe del Pentágono. Sin embargo, señalaba que «cada país enfrentará y abordará esta tarea (seguridad y defensa) a su manera, según su propia historia, sus principios constitucionales y decisiones soberanas para asegurar la seguridad de nuestros pueblos».

El documento final de la VI Conferencia de Ministros de Defensa de las Américas afirmaba que «la democracia es una condición indispensable para la estabilidad, la paz, la seguridad y el desarrollo de los estados del hemisferio». En ese sentido, expresaron que la seguridad es una «condición multidimensional del desarrollo y del progreso de las naciones» y agregaban que la «pobreza extrema y la exclusión social también afectan a la estabilidad y la democracia».

La Triple Frontera del MERCOSUR es uno de los claros ejemplos de la conjunción de las nuevas amenazas que enfrenta la región. A partir de los atentados perpetrados el 11-S, atribuidos a la red terrorista Al-Qaeda liderada por el saudita Osama bin Laden, la cuestión terrorista está entre las máximas prioridades de la agenda de seguridad internacional, y en particular de Washington. Los atentados del 11-M en España y los ataques terroristas en el Reino Unido confirmaban las preocupaciones y la nueva realidad que vive hoy el mundo con las nuevas amenazas.

En ese contexto, volvió a cobrar relevancia el área del Cono Sur conocida como Triple Frontera, donde confluyen los límites de Argentina, Brasil y Paraguay. En realidad, la importancia estratégica de los puntos trifronterizos en América del Sur no es novedosa. Phil Kelly, un experto estadounidense en la geopolítica sudamericana, resaltaba el pensamiento del colombiano Julio Londoño, quien identificó en la mitad meridional del hemisferio trece puntos tripartitos susceptibles de constituirse en focos de tensión y conflicto.

Sin embargo, mientras el enfoque de Londoño enfatizaba tensiones entre países, la Triple Frontera cobró relevancia a partir de actores no estatales que plantean formas asimétricas de combate: las células terroristas que, según investigaciones de organismos de seguridad, se asentaron en el área. La revalorización de la Triple Frontera no tuvo lugar solamente en los tres países limítrofes, sino que los excedió para alcanzar a EUA e incluso al conflicto en Medio Oriente, además de numerosos países latinoamericanos.

Durante una audiencia ante el Subcomité de Asuntos del Hemisferio Occidental de la Cámara de Representantes, el entonces embajador Francis Taylor, coordinador de antiterrorismo del Departamento de Estado, identificaba a las Fuerzas Armadas Revolucionarias de Colombia (FARC) y a los grupos integristas islámicos en la Triple Frontera como las principales preocupaciones de Washington en el frente latinoamericano de la guerra contra el terrorismo.

Taylor, al referirse a la Triple Frontera, sostenía: «Creemos que la región es la más problemática del hemisferio en cuanto a actividades de terroristas islámicos». La detención de militantes de grupos terroristas del Medio Oriente y el envío de dinero para la causa fundamentalista desde la Triple Frontera son hechos que ratificaban las alertas ante estas nuevas amenazas.

En 2018, el organismo de combate al narcotráfico de Paraguay afirmaba claramente: «Aquí están las FARC». Las organizaciones criminales Primeiro Comando da Capital (PCC) y el Comando Vermelho hace tiempo se sumaron también y echaron raíces en esa zona, donde ahora operan para instalarse en los países del Cono Sur a través de alianzas con redes y bandas criminales locales.

También la triple frontera entre Brasil, Colombia y Perú, por sus características y vulnerabilidades, se ha convertido en un área donde convergen organizaciones involucradas en el crimen organizado transnacional. La interacción de los grupos armados y los grupos de delincuencia les permite operar coordinadamente a través de economías ilícitas en las fronteras de estos tres países.

Las conexiones entre terrorismo, tráfico de armas, lavado de activos, crimen organizado y narcotráfico constituyen, sin duda, una amenaza a la seguridad hemisférica. Ahora se combinan para conformar nuevas amenazas híbridas de gran alcance, coordinadas y sincronizadas. La cuestión de la hibridación de los conflictos armados ha adquirido gran importancia en el ámbito de la seguridad internacional.

Los países deberían comprometerse a reforzar las capacidades de cada Estado para prevenir, sancionar y eliminar el narcoterrorismo. También deberían identificar las nuevas amenazas terroristas, cualquiera que sea su origen o motivación, como el terrorismo biológico y las amenazas a la seguridad cibernética, ecoterrorismo, así como los medios para combatirlas.

Los Estados deberían cooperar para privar a los terroristas de los recursos, los medios y los lugares seguros que utilizan para cometer sus actos. Enjuiciar a todos los terroristas y llevarlos ante la justicia tendría que ser una práctica común en los complejos tiempos que vivimos.

«Las organizaciones militares en América Latina no van al mismo ritmo de evolución que sus pares en Europa o en EUA y Canadá, empero el impacto ya las ha influido. Los procesos de modernización institucional se han intensificado para incorporar nuevas tecnologías, aceptar nuevas misiones y disminuir esa diferencia que todavía se observa entre servicios, armas y rangos», explicaban expertos. La realidad impone cambios. Las clásicas definiciones entre defensa y seguridad están superadas en muchos casos. La superposición ante las nuevas inseguridades es evidente.

Todos estos cambios delinearán en un plazo mediano a un profesional militar más tecnologizado, práctico y sin tantas ataduras formales a la hora de ejercer su profesión. Deberá, además, estar capacitado para un mando flexible, dinámico y rápido, donde sus referencias se trasladarán desde la clásica visión «clausewitziana» de destrucción de fuerzas militares y la ocupación de terrenos, por la destrucción de los sistemas de mando y control del adversario.

Moskos, Segal y Williams señalaban que con el término de la Guerra Fría viene un período en que las formas militares convencionales van encaminándose hacia nuevas formas postmodernas. En tal sentido, identifican los cinco cambios organizacionales producidos:

- Interpenetración entre las esferas civil-militar.
- Disminución de las diferencias organizacionales militares tales como rangos, roles de combate y apoyo, ramas, etc.
- El cambio de las misiones militares hacia tareas que no son tradicionales.
- El uso de las FF. AA. en misiones internacionales por organizaciones que trascienden a los Estados y la internacionalización de las fuerzas militares. Por ejemplo, el Eurocorps y otras organizaciones bajo esta modalidad combinada.

Podemos constatar que las tendencias precedentes se están manifestando en la región y son precisamente los temas clave en los procesos de reestructuración militar. Esto implica un cambio de filosofía estratégica fundamental, ya que cambiará la forma de apreciar al oponente.

Por su parte, el empleo de las FF. AA. en misiones internacionales que trascienden los Estados nación y la misma internacionalización de los instrumentos militares —fuerzas combinadas— son tendencias que alcanzan a la región.

El caso de Haití, el Congo o Medio Oriente lo prueba. Si bien los cambios son lentos en muchos países, Uruguay se ha destacado por su participación en Operaciones de Mantenimiento de la Paz, ya sea mediante observadores militares o fuerzas de paz. El concepto tradicional de las Operaciones de Mantenimiento de la Paz está experimentando en los últimos años una evolución acelerada, cobrando cada vez mayor importancia y desarrollando una creciente complejidad, acentuándose aún más su carácter multidisciplinario, en donde el tema de seguridad también se suma al carácter militar de las fuerzas.

Para las FF. AA. uruguayas en particular y para el país en general, las misiones han dado frutos profesionales, pero también económicos. No es lo mismo la teoría dentro de una unidad militar con municiones de salva, que las operaciones en donde la vida está en riesgo al cumplir una misión, afirmaba el Cnel. Felicio de los Santos, jefe del Batallón Conjunto Uruguay I de la Minustah, en Haití. En consecuencia, el militar de la postmodernidad deberá estar preparado para enfrentar este particular tiempo.

Actualmente, existen 11 operaciones de paz dirigidas por el Departamento de Operaciones de Paz de la ONU: MINURSO, Sáhara Occidental; MINUSCA, República Centroafricana; MONUSCO, República Democrática del Congo; UNAMID, Darfur; UNFICYP, Chipre; FPNUL, Líbano; UNISFA, Abyei; UNMIK, Kosovo; UNMISS, Sudán del Sur; UNMOGIP, India y Pakistán; ONUVT, Oriente Medio. Otras 58 misiones por las que pasaron miles de efectivos ya han finalizado en 76 años.

¿Cuál es el rol de los militares latinoamericanos en el futuro? El debate de ideas ya comenzó. Y son precisamente las ideas las que producen finalmente los cambios materiales para la transformación y modernización ante las nuevas amenazas híbridas, en los complejos procesos de consolidación democrática en el mundo occidental, y en particular en una América Latina que enfrenta nuevas alianzas de enemigos que disparan contra los sistemas democráticos y republicanos.

Los narcoterroristas son una combinación letal para las democracias. Es un enemigo que muta, mata, corrompe y se reconvierte a los nuevos tiempos más rápido que muchas frágiles instituciones democráticas. Es un enemigo que ya ha permeado transversalmente a la sociedad y, para lograr sus objetivos, no duda en recurrir a cualquier medio violento y extremo. El narcoterrorismo es una de las amenazas más significativas para la paz, la libertad, la seguridad y la estabilidad, así como para los derechos humanos y el desarrollo económico.

Es la nueva amenaza a la seguridad regional e internacional, con alianzas heterodoxas y criminales sinergias. Los gobiernos democráticos dentro de la ley deben y tienen la responsabilidad de aplicar medidas efectivas para prevenir y combatirlo con todas las capacidades y fuerzas del Estado. Es un flagelo grave e injustificable, sean cuales sean sus motivos o sus orígenes.

9 786125 184016